AF288226

Für alle Menschen, die in Krisen gelitten haben,
leiden oder leiden werden.

Kaum jemals – jedenfalls nicht in der Zeit des Friedens – dürfte dem Publikum die hohe Bedeutung des Brotes so zum Bewußtsein gekommen sein wie während des Krieges.

Prof. Dr. R. O. Neumann (1920)

INHALT

SCHWERE ZEITEN

Dieses Buch erscheint in einer Zeit, in der wir von Krisen geschüttelt werden. Die Corona-Pandemie hat die ganze Welt kalt erwischt und auch im deutschsprachigen Raum den Alltag verändert. In der ersten Pandemiewelle wurden Mehl und Hefe knapp, weil immer mehr Menschen aus verschiedenen Gründen begonnen hatten, ihr eigenes Brot zu backen. Zwei Jahre später brach der Ukraine-Krieg aus. Der erste Angriffskrieg seit dem Zweiten Weltkrieg. Innerhalb weniger Tage flüchteten Millionen Menschen aus der Ukraine. Menschen, die kurz zuvor noch davon überzeugt waren, dass es schon nicht so schlimm kommen würde. 2021 traten Flüsse in Westdeutschland über die Ufer und zerstörten hunderte Häuser und Leben. Der Klimawandel wird uns noch auf Jahrzehnte mit weiteren Wetterextremen beschäftigen. Kriege, Naturkatastrophen und Pandemien kündigen sich selten an. Die Folgen sind aber immer die gleichen: kein Strom, kein Wasser, keine Lebensmittel, Verlust an Hab und Gut, Flucht oder Vertreibung. Selbst wenn es uns nicht so schlimm trifft, sorgen derartige Krisen für steigende Getreidepreise und einen Mangel an vielen Ecken und Enden.

Die gute Nachricht ist, wir können uns ein Stück weit auf Notsituationen vorbereiten. Wir können natürlich nicht alle Möglichkeiten bedenken, aber wir können uns verschiedene Szenarien bewusst machen und uns fragen, was wir dann am nötigsten brauchen. Brot gehört zu unseren Grundnahrungsmitteln und es ist nicht ausgemacht, dass es immer und überall verfügbar sein wird, wenn eine Notlage eintritt. Schon ein mehrtägiger Stromausfall bringt sämtliche Bäckereien und Brotfabriken zum Stillstand, mal abgesehen von der einen oder anderen Holzofenbäckerei, die aber für Knetmaschinen und Kühlung auch auf Strom angewiesen sind.

DIESES BÜCHLEIN MÖCHTE SIE ANREGEN, IN NOTSITUATIONEN IN DER LAGE ZU SEIN, IHR EIGENES BROT ZU BACKEN.

Dafür spielt es die verschiedenen Notsituationen durch, vom einfachen Stromausfall zu Hause bis hin zur Flucht. Es gibt Ratschläge und Denkanstöße, wie Sie auf ein Minimalmaß reduziert auch unter widrigsten Umständen noch die wohl nahrhafteste und haltbarste Quelle von Ballaststoffen, Mineralstoffen, Vitaminen und Fetten herstellen können.

Das Buch ist kein Brotbackbuch zum Erlernen der grundlegenden Fähigkeiten, sondern ein Buch über die Frage, was Sie in Notzeiten beim Brotbacken bedenken und ändern sollten oder wie Sie sich darauf vorbereiten können. Nutzen Sie die guten Zeiten, um sich mit den Grundlagen des Brotbackens vertraut zu machen. Dann können Sie an schlimmen Tagen allen Ballast liegen lassen und nur dieses kleine Büchlein in die Hosentasche stecken. Es wird Ihnen ein hilfreicher Begleiter in vielen Zeiten sein, in denen vermeintlich keine Hoffnung mehr auf Brot besteht.

DIE KRISE ERKENNEN UND HANDELN

Krisen jeder Art, die von außen kommen (z. B. Pandemien, Kriege), sind schlimm und beeinträchtigen unser bisheriges Leben massiv. Einen Teil der Auswirkungen können wir aber durch gute Vorbereitung zumindest für eine gewisse Zeit abpuffern. Wenn wir von der Lebensmittelversorgung abgeschnitten sind, dann kann gerade das Brotbacken nicht nur eine psychische Stütze sein, sondern im Extremfall den Unterschied zwischen gesund und krank oder gar Leben und Tod ausmachen. Brot liefert fast alle wichtigen Nährstoffe. Deshalb ist es immer sinnvoll, einen Getreidevorrat zu Hause zu haben, der sich im Notfall auch unter widrigsten Umständen zu Brot verarbeiten lässt.

SCHNELLE HILFE, WENN EINE KRISE DAS BROTBACKEN SCHWIERIG MACHT

MANGEL AN	ABHILFE	TIPPS
Mehl bzw. Getreide	Mehl einsparen durch weichere Teige und andere Zutaten	S. 31, 33
	Mehl austauschen gegen andere Mehltypen und Getreidearten	S. 29
	Mehl austauschen gegen Nichtgetreidemehle	S. 31
	in guten Zeiten Getreidevorrat anlegen	S. 27
	selbst mahlen	S. 28
Backhefe	mit sehr wenig Hefe backen	S. 37
	Hefe einfrieren	S. 37
	mit Trockenhefe backen	S. 37
	Backhefe vermehren	S. 38
	ohne Backhefe backen mit Sauerteig, Hefewasser oder Backpulver	S. 42
Salz	Salz reduzieren und ersetzen	S. 35
	ohne Salz backen	S. 35

Wasser	durch andere Flüssigkeiten ersetzen	S. 35
	sehr feste Teige herstellen	S. 35
Strom	mit Augenmaß oder Messbecher Zutaten „abwiegen"	S. 15
	Zutaten- und Teigtemperatur nach Handgefühl temperieren oder die Temperaturen als gegeben hinnehmen	S. 14
	Umgebungstemperaturzonen nutzen	
	Backen mit alternativen Hitzequellen (Holz, Holzkohle, Gas, Benzin, Sonne)	S. 54
	Sauerteig/Anstellgut ohne Kühlschrank durch extrem wenig Anstellgut regelmäßig auffrischen	S. 42
Brotvorrat	in guten Zeiten Brotvorrat anlegen	S. 59
	Brote optimal lagern	S. 59
	Dauergebäck backen	S. 61
	Brote haltbarer machen	S. 61
Zubehör	mit Ersatz improvisieren	S. 14
THERMOMETER	Zutaten nach Gefühl temperieren	S. 14
	veränderte Gehzeiten einplanen	
WAAGE	mit Augenmaß oder Messbecher Zutaten „abwiegen"	S. 15
KNETMASCHINE	von Hand kneten oder nur mischen („no knead"-Rezepte)	S. 18
GÄRKORB	festere Teige herstellen und frei gehen lassen	S. 35
	ohne Stückgare arbeiten (lange Stockgare)	
	in Schüssel gehen lassen	S. 18
GÄRBOX	Umgebungstemperaturzonen nutzen	
	längere Gehzeiten bei Raumtemperatur einplanen	
	Körpertemperatur nutzen	S. 20
	Gewächshauseffekt nutzen	S. 20
TEIGKARTE	von Hand portionieren	S. 25
	mit Messer portionieren	S. 25
BACKOFEN	Backen mit alternativen Hitzequellen (Holz, Holzkohle, Gas, Benzin, Sonne) in Pfannen, Töpfen oder auf Stöcken und Steinen	S. 54

Wenn Sie im Krisenfall schnell Ihre Wohnung verlassen müssen, lohnt es sich, einen kleinen Rucksack oder eine kleine Tasche mit den wichtigsten Dingen zur Hand zu haben, die Sie zum Brotbacken für unterwegs benötigen. Kontrollieren Sie die verderblichen Bestandteile regelmäßig und lagern Sie die Tasche bzw. den Rucksack möglichst kühl und verschlossen an einem Ort, den Sie im Notfall gut erreichen können.

PACKLISTE FÜR DAS NOTFALL-BROTBACKEN AUSSER HAUS

EINPACKEN		EMPFEHLENSWERTE MINDESTMENGE PRO PERSON	HINWEISE
☐	Getreide bzw. Mehl	2 kg (= ca. 3 kg Brot)	Mehlvorrat alle 3–6 Monate tauschen Getreidevorrat alle 5–10 Jahre tauschen
☐	Trockenhefe	1 Päckchen (7 g)	nach Ablauf des Mindesthaltbarkeitsdatums erneuern
☐	Mineralwasser	1,5 Liter	PET-Flasche
☐	Salz / Zucker	40–60 g	in einer Tüte oder Dose
☐	Becher für Sauerteig* oder Hefewasser*	1	Becher bzw. Flasche aus Edelstahl oder Kunststoff mit fest verschließbarem Deckel für den eigenen Sauerteigansatz bzw. das eigene Hefewasser
☐	Schüssel	1	aus Kunststoff oder Edelstahl, möglichst stabil mit flachem Boden und fest verschließbarem Deckel
☐	Teigkarten	2	eine weiche und eine starre Karte

☐	Stofftücher	2	zum Zudecken, als Unterlage für Teig
☐	kleine Hand-Kaffeemühle, Hand-Getreidemühle, Hand-Flocker etc.	1	zum Mahlen des Getreides
☐	kleine Pfanne oder kleiner Topf aus Gusseisen	1	möglichst mit Deckel, zum Backen
☐	Kastenform	1	nur wenn noch Platz ist, am besten gleich mit einem Zuschnitt aus Dauerbackfolie
☐	Anzündhilfen (Holzwolle etc.)		in einer verschlossenen Tüte lagern
☐	Streichhölzer/ Feuerzeug		in einer verschlossenen Tüte lagern
☐	Gefrierbeutel		als Schüsselersatz zum Teigkneten, zum Schutz von Mehl vor Feuchtigkeit und Verunreinigungen, zum Schutz des fertigen Brotes vor Verunreinigungen (Vorsicht: Schimmelgefahr)
☐	dieses Büchlein		
	Gesamtgewicht ca. 6–8 kg		

* *Denken Sie vor dem Verlassen der Wohnung daran, etwas Sauerteigansatz oder Hefewasser aus dem Kühlschrank in den Becher zu geben.*

Das Bundesamt für Bevölkerungsschutz und Katastrophenhilfe empfiehlt zudem folgende Vorkehrungen für den allgemeinen Notfall.

GRUNDVORRAT

- ☐ Getränke (2 Liter pro Person und Tag für mind. 10 Tage)
- ☐ Lebensmittel (für mind. 10 Tage)

HAUSAPOTHEKE

- ☐ DIN-Verbandskasten
- ☐ vom Arzt verordnete Medikamente
- ☐ Schmerzmittel
- ☐ Hautdesinfektionsmittel
- ☐ Wunddesinfektionsmittel
- ☐ Mittel gegen Erkältungskrankheiten
- ☐ Fieberthermometer
- ☐ Mittel gegen Durchfall
- ☐ Insektenstich- und Sonnenbrandsalbe
- ☐ Splitterpinzette

ENERGIEAUSFALL

- ☐ Kerzen, Teelichter
- ☐ Heizgelegenheit
- ☐ Taschenlampe
- ☐ Reservebatterien
- ☐ Camping-, Spirituskocher mit Brennmaterial
- ☐ Streichhölzer, Feuerzeug
- ☐ Brennstoffe

RUNDFUNKGERÄT

- ☐ Rundfunkgerät, für Batteriebetrieb geeignet oder ein Kurbelradio
- ☐ Reservebatterien

DOKUMENTENSICHERUNG

- ☐ Haben Sie festgelegt, welche Dokumente unbedingt erforderlich sind?
- ☐ Sind Ihre Unterlagen zweckmäßig geordnet?
- ☐ Sind von wichtigen Dokumenten Kopien vorhanden und diese ggf. beglaubigt?
- ☐ Haben Sie eine Dokumentenmappe angelegt?
- ☐ Sind Dokumentenmappe oder wichtige Dokumente griffbereit?

HYGIENEARTIKEL

☐	Seife, Waschmittel
☐	Zahnbürste, Zahnpasta
☐	Sets Einweggeschirr & Besteck
☐	Haushaltspapier
☐	Toilettenpapier
☐	Müllbeutel
☐	Campingtoilette, Ersatzbeutel
☐	Haushaltshandschuhe
☐	Desinfektionsmittel, Schmierseife

BRANDSCHUTZ

☐	Keller und Dachboden entrümpeln
☐	Feuerlöscher
☐	Löschspray
☐	Rauchmelder
☐	Garten- oder Autowaschschlauch
☐	Wassereimer
☐	Behälter für Löschwasser
☐	Kübelspritze oder Einstellspritze

NOTGEPÄCK

☐	persönliche Medikamente
☐	behelfsmäßige Schutzkleidung
☐	Wolldecke, Schlafsack
☐	Unterwäsche, Strümpfe
☐	Gummistiefel, derbes Schuhwerk
☐	Essgeschirr, -besteck, Thermoskanne, Becher
☐	Material zur Wundversorgung
☐	Dosenöffner und Taschenmesser
☐	strapazierfähige, warme Kleidung
☐	Taschenlampe
☐	Kopfbedeckung, Schutzhelm
☐	Schutzmaske, behelfsmäßiger Atemschutz
☐	Arbeitshandschuhe
☐	Fotoapparat oder Fotohandy

AUS FAST NICHTS BROT BACKEN

In diesem Kapitel soll nicht nur gestandenen Hobbybäckern ein Überblick über Improvisationsmöglichkeiten im Notfall gegeben werden. Es ist auch Ziel, dass Einsteiger die Möglichkeit haben, die generellen Abläufe beim Brotbacken zu erfassen und auch ohne viel Erfahrung ein halbwegs gutes Brot backen zu können. Dabei wird in der nachfolgenden Übersicht unterschieden zwischen einer externen Notfallsituation, die zu Hause erlebt wird (z. B. Quarantäne im Rahmen einer Pandemie, absolute Ausgangssperre im Falle eines Krieges) und einer Fluchtsituation abseits der eigenen vier Wände (z. B.

ARBEITSSCHRITTE	KEINE KRISE
	alles ist wie immer
Zutaten temperieren	mit Thermometer
Zutaten abwiegen	mit Digitalwaage
Teig kneten	mit Küchenmaschine
Stockgare	in Schüssel oder Teigwanne bei vorgegebener Temperatur und Zeit
Zwischenschritte	Dehnen und Falten in der Schüssel ggf. Vorformen auf dem Tisch
Formen	Formen auf dem Tisch
Stückgare	im Gärkorb oder in der Kastenform bei vorgegebener Temperatur und Zeit
Backen	auf dem vorgeheizten Backstein im Haushaltsofen mit Bedampfung

Zerstörung der Wohnung oder Vertreibung durch Krieg oder eine Naturkatastrophe). Auch die Rezepte versuchen die verschiedenen Notfalllagen zu berücksichtigen (ab Seite 64). Grundlage der Beschreibung ist das Notfallpaket, das auf Seite 8 beschrieben wird.

Es ist entscheidend, sich bewusst zu machen, dass in Krisenfällen nicht mehr alles möglich ist. Im schlimmsten Fall stehen weder Strom noch Zubehör noch Zutaten ausreichend zur Verfügung. Deshalb sollten Sie in der Vorbereitung immer vom schlimmsten Fall ausgehen, hier also nur von der Ausstattung, die Sie in die Brotback-Notfalltasche (Seite 8) gepackt haben. Sie werden in einer ausgewachsenen Krise froh sein, überhaupt irgendein halbwegs genießbares Brot essen zu dürfen. Deshalb sollten Sie die Ansprüche an Vielfalt und Qualität niedrig halten. Im Grunde reicht für jede Brotgetreidesorte ein Standardrezept,

AUSGANGSSPERRE	FLUCHTSITUATION
Grundversorgung mit Strom, Lebensmitteln etc. ist stark eingeschränkt, aber die eigene Wohnung bleibt	*Die eigene Wohnung muss mit dem Nötigsten verlassen werden.*
mit Thermometer (batteriebetrieben)	nach Gefühl bzw. mit den Ist-Temperaturen arbeiten
mit Digitalwaage (batteriebetrieben)	mit Messbecher, Tassen, von Hand, nach Gefühl
von Hand in Schüssel	von Hand in Schüssel oder Tüte
in Schüssel oder Teigwanne bei variabler Temperatur und nach Erfahrung/Gefühl angepasster Reifezeit	in Schüssel oder Tüte bei variabler Temperatur und nach Erfahrung/Gefühl angepasster Reifezeit
Dehnen und Falten in der Schüssel ggf. Vorformen auf dem Tisch	Dehnen und Falten in der Schüssel kein Vorformen
Formen auf dem Tisch	Formen in der Schüssel
im Gärkorb oder in der Kastenform bei variabler Temperatur und nach Erfahrung/Gefühl angepasster Reifezeit	in der Schüssel bei variabler Temperatur und nach Erfahrung/Gefühl angepasster Reifezeit
im Topf oder in der Pfanne auf offenem Feuer (Holz, Gas) oder in Glut	im Topf oder in der Pfanne auf offenem Feuer (Holz, Holzkohle, ggf. Gas) oder in Glut

das sie dann den Gegebenheiten flexibel anpassen, indem Sie den Teig beispielsweise in Ermangelung eines Backofens, Gärkorbes oder Topfes als Fladenbrot backen oder schlimmstenfalls in der Sonne trocknen oder im heißen Wasser garen oder darüber dämpfen.

SPERRIGES ZUBEHÖR ERSETZEN

Müssen Sie im Notfall Ihre Wohnung nicht verlassen, steht Ihnen ihr gesamtes Zubehör weiterhin zur Verfügung. Lediglich strombetriebene Geräte könnten ausfallen (siehe Seite 7). Deshalb soll es hier vor allem um die Fluchtsituation gehen, wenn möglichst wenig Zubehör mitgenommen werden kann.

INTUITION STATT THERMOMETER

Damit der Teig optimal und im vorgesehenen Zeitrahmen aufgeht, braucht er eine bestimmte Teigtemperatur. Diese wird über die Zutatentemperaturen eingestellt. Ohne Thermometer müssen Sie zwangsläufig auf Ihr Gefühl achten bzw. mit den Temperaturen leben, die gerade verfügbar sind. Das hat zur Folge, dass die Teigtemperatur sehr von der Umgebungstemperatur abhängt. Ist sie niedriger als die im Rezept angegebene optimale Teigtemperatur, müssen Sie mit einer längeren Reifezeit in der Stock- und in der Stückgare rechnen. Ist sie höher, dann verkürzen sich die Reifezeiten.

FAUSTREGEL:

5 °C höhere Temperatur = halbe Reifezeit
5 °C niedrigere Temperatur = doppelte Reifezeit

GEFÜHL STATT WAAGE

Die Waage ist neben dem Ofen das wichtigste Utensil beim Brotbacken. Sie würde viel Platz wegnehmen und irgendwann ohne Batterienachschub versagen. Deshalb empfiehlt sich entweder eine (umso sperrigere) mechanische Waage oder der Verzicht auf das Abwiegen der Zutaten.

Wenn Sie gut vorbereitet sein wollen, wiegen Sie alle trockenen Zutaten für ihr Notfallpaket (Seite 8) entsprechend dem gewünschten Rezept (Seite 64) bereits vor. Dann müssen Sie nur noch Wasser zugeben. Das geschieht auch in normalen Zeiten letztlich nach Gefühl bzw. nach der passenden Teigkonsistenz. Erfahrenere Bäcker können auch alle anderen Zutaten (Mehl, Hefe, Salz) nach Gefühl in die Schüssel geben. Ein Messbecher mag in dieser Ausnahmesituation ein guter Kompromiss sein, nimmt aber zusätzlich Platz weg.

Die Teigkonsistenz gibt einen Hinweis auf die richtige Wassermenge. Der Teig sollte leicht klebrig sein.

GEWICHTSABSCHÄTZUNG ÜBER DAS LÖFFELMASS

ZUTAT	MASSE (g)	ZUM ABSCHÄTZEN
Salz	25 / 8	Esslöffel / Teelöffel (gehäuft)
Zucker	18 / 7	Esslöffel / Teelöffel (gehäuft)
Öl	7 / 4	Esslöffel / Teelöffel
Wasser, Essig	10 / 4	Esslöffel / Teelöffel
Mehl	15–20	Esslöffel (gehäuft)

DURCHMESSER EINER FRISCHHEFEKUGEL ZUM ABSCHÄTZEN DER HEFEMASSE

Formen Sie aus der Frischhefe eine Kugel mit dem angegebenen Durchmesser.

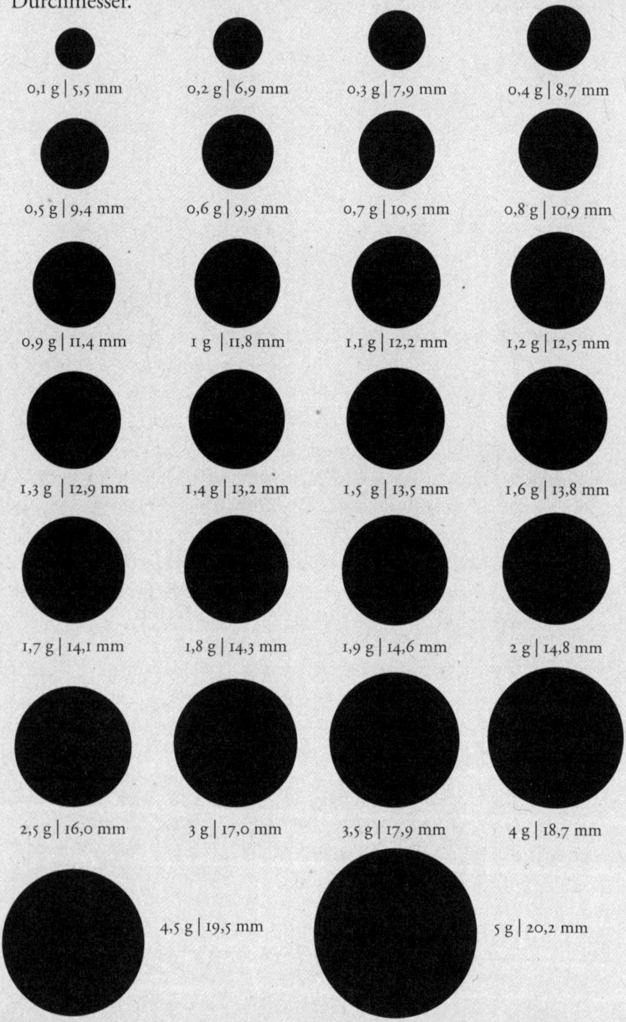

DURCHMESSER EINER MIT TROCKENHEFE AUSGEFÜLLTEN KREISFLÄCHE ZUM ABSCHÄTZEN DER HEFEMASSE

Schütten Sie die Trockenhefe-Pellets zu einem Kreis und drücken Sie die Pellets mit dem Finger flach, sodass alle Pellets lückenlos kreisrund nebeneinander liegen.

HAND STATT KNETMASCHINE

Eine handliche Knetmaschine für unterwegs gibt es nicht. Wenn der Strom ausfällt, hilft auch die Küchenmaschine zu Hause nichts. Zwar gibt es auf dem Markt auch handbetriebene Knetmaschinen mit Kurbel, aber diese kommen nur für den Stromausfall zu Hause in Betracht, nicht aber zum Mitnehmen für unterwegs. Deshalb bleibt nur das Kneten von Hand.

Bei Roggenteigen bleibt die Knetzeit im Vergleich zur Maschine gleich. Bei Dinkelteigen bleibt die Knetzeit von Hand je nach Dinkelsorte ebenfalls vergleichbar mit der Maschinenknetzeit, kann sich aber auch verdoppeln. Bei Weizenteigen verdoppelt bis verdreifacht sich die Handknetzeit im Vergleich zur Maschinenknetzeit.

Alternativ dazu sind Rezepte empfehlenswert, die sich einer Autolyse bedienen (Verquellung von Mehl und Wasser) und auf die Zwischenbearbeitung des Teiges durch Dehnen und Falten („Aufziehen“) setzen. Diese sogenannten „no knead“-Brotteige werden nur zusammengemischt und nicht geknetet. Selbst ohne Autolyse und ohne Dehnen und Falten entsteht noch ein formschönes und lockeres Brot, wenn der Teig straff geformt wird. Gelingt der Laib etwas flacher und nicht ganz so locker wie in normalen Zeiten, dann ist auch das verkraftbar, solange das Brot schmeckt, bekömmlich ist und sättigt. Die Rezepte in diesem Büchlein basieren auf diesen „no knead“-Prinzipien (Seite 64).

TIPP: Aus Japan ist eine Knetmethode bekannt, die in einer Tüte, z. B. einem Gefrierbeutel, abläuft. Die Zutaten in die Tüte füllen, Luft hineinblasen und die Öffnung verknoten. Dann kräftig schütteln, bis sich alle Zutaten zu einem glatten Teig verbunden haben. Die Hände bleiben sauber und die Tüte kann gleich noch als Schüsselersatz für die erste Teigruhe genutzt werden. Anschließend wird die Tüte umgestülpt, damit der Teig auf den Tisch zum Formen gegeben werden kann.

SCHÜSSEL STATT GÄRKORB

Mindestens eine Schüssel ist für das Backen außerhalb der eigenen Wohnung nötig:

- *ggf. für die Vorstufe*
- *für das Mischen/Kneten*
- *für die Stockgare und das Dehnen und Falten*
- *für das Formen*
- *für die Stückgare*

Es ist empfehlenswert, für das Backen außerhalb der eigenen vier Wände Rezepte zu wählen, die keine oder maximal eine Vorstufe (Sauerteig, Vorteig, Quellstück) benötigen. Dann reicht eine einzige Schüssel für unterwegs aus. Die Vorstufe kann in der Schüssel angesetzt werden. Danach folgen die weiteren Zutaten. In derselben Schüssel mischen bzw. kneten Sie den Teig, lassen ihn aufgehen und dehnen und falten ihn zwischendurch gegebenenfalls. Wenn es an einer sauberen Unterlage mangelt, können Sie den Teig sogar in der Schüssel formen (siehe auch Handgriffe Seite 23). Anschließend reift der Teig statt in einem Gärkorb in der Schüssel. Falls vorhanden, können Sie nach dem Formen noch ein bemehltes Tuch zwischen Schüssel und Teigling legen. Dann löst er sich nach der Stückgare einfacher. Falls Sie ohne Tuch arbeiten, müssen Sie den Teigling vor dem Backen mit der flexiblen Teigkarte ablösen.

Bedenken Sie, dass Sie die Schüssel mit dem reifenden Teig gegebenenfalls auch transportieren müssen. Sie sollte also eine Form haben (z. B. mit geradem Boden), die es Ihnen möglich macht, sie ohne umzukippen in einer Tasche oder einem Rucksack zu tragen. Ein fest verschließbarer Deckel ist ebenso von Vorteil.

EIN TUCH FÜR ALLE FÄLLE

Ein kleines Tuch aus Stoff hilft in vielen Lebenslagen. Sie können damit die Teigschüssel bedecken, es aber auch als Unterlage für den Teig nutzen, ihn darauf formen oder portionieren. Ein Tuch ist langlebiger und robuster als eine Kunststoffabdeckung und platzsparender als ein Deckel. Achten Sie nur darauf, dass der Teig nicht zu stark verhautet. Um das zu vermeiden, können Sie auf das Tuch auf der Schüssel noch ein Brett, einen flachen Stein, eine Jacke etc. legen. Das Tuch sorgt für Hygiene, die Abdeckung über dem Tuch vermeidet das Antrocknen des Teiges.

KÖRPERWÄRME STATT GÄRBOX

Manche Teige, insbesondere Sauerteige und mit Sauerteig gelockerte Brotteige, mögen es warm, damit das Brot mild und locker gelingt. Ohne Strom fallen aber die gängigen Methoden weg, um Wärme zu erzeugen. Die Heizmatte in der Styroporkiste, der angeschaltete Backofen oder die mit heißem Wasser aufgefüllte Flasche sind in Krisenzeiten nicht immer eine Option.

Zum Glück strahlen wir selbst ausreichend und für Teige wohltuende Wärme ab. Wenn Sie unterwegs eine kleine Portion Ihres Sauerteiges reifen lassen möchten, stecken Sie den gut verschlossenen Becher (siehe Notgepäck Seite 8) zum Beispiel in eine kleine Umhängetasche unter Ihre Jacke oder in die Tasche Ihres Sweatshirts. Auch das Bett ist ein guter Ort für Teige, solange sie hygienisch verschlossen sind. Sie schlafen über Nacht und der Teig reift. Sie können sich auch Warm-Kalt-Gel-Akkus beschaffen und in Ihren Taschen oder an einer anderen Wärmequelle auf Temperatur bringen, dann unter den Teigbehälter legen und alles in eine dicke Decke einwickeln.

ÜBRIGENS: Der Legende nach haben die kalifornischen Goldgräber Mitte des 19. Jahrhunderts ihren Sauerteigansatz immer in einem Behälter unter der Kleidung um den Hals getragen, damit er es warm hatte und tagsüber reifen konnte. Am Abend nach der Arbeit wurde damit der Brotteig angesetzt.

Wenn Sie über Abdeckhauben, Frischhaltefolie, durchsichtige Tüten oder Deckel für Gläser, Schüsseln oder Gärkörbe verfügen, dann können Sie diese nutzen, um eine Art Treibhaus-/Gewächshauseffekt zu erzeugen. Stellen Sie das entsprechende Gefäß ans Fenster in die Nähe der Sonne oder gar in die Sonne (hier aber immer die Temperatur unter der Folie prüfen). So erreichen Sie schnell Temperaturen von 30 °C und mehr, selbst in kalten Räumen. Mit etwas Ausprobieren und gegebenenfalls mit Temperaturmessungen bekommen Sie schnell ein Gefühl, wo es wie warm ist.

PFANNE ODER TOPF STATT HAUSHALTSOFEN

Um immer einen eigenen Ofen dabei zu haben, ohne auf einen strombetriebenen Ofen oder eine Hitzequelle mit Brotbackausstattung (Backstein, Dampf etc.) angewiesen zu sein, lohnt sich die Anschaffung eines Gusseisentopfes oder wenigstens einer Gusseisenpfanne. Sie speichern die Wärmeenergie gut und leiten sie direkt an den Teigling weiter. Der Deckel auf dem Topf sperrt den entstehenden Wasserdampf aus dem Teig ein und sorgt so für ein lockereres Brot mit einer glänzenden Kruste, die nicht zu hart und nicht zu weich ist. In der Pfanne können Sie hervorragend Fladenbrot backen, auch aus jedem Rezept, das eigentlich für ein in westeuropäischen Breiten „normales" Brot gedacht war.

Notfalls können Sie auch einen Standardtopf verwenden. In der Reihenfolge abnehmender Tauglichkeit geeignet sind:

- *Gusseisentopf*
- *Emailletopf*
- *Edelstahltopf*

Je schwerer und dunkler das Topfmaterial, umso besser lässt sich darin Brot backen. Im Edelstahltopf bräunt die Brotkruste nicht gut, aber das Brot bäckt dennoch durch, nur langsamer. Der Topf sollte nicht zu groß und nicht zu klein sein. Bewährt hat sich ein runder Topf mit einem Durchmesser von 24–26 cm. Er reicht für gut 1 kg Brotteig, ohne dass das Brot an die Seiten drückt oder so viel Platz ist, dass es zu flach wird. Wichtig zu verstehen ist: der Topf dient als Ofen, nicht als „Kastenform" für das Brot. Achten Sie beim Kauf darauf, dass der Topf feuerfeste Griffe besitzt.

Die Energiequelle spielt beim Backen im Topf keine Rolle. Der Topf funktioniert im Haushaltsbackofen genauso gut wie im Kamin, im Kugelgrill, in der Restglut eines Lagerfeuers oder im Holzbackofen. Die Pfanne können Sie auf dem Elektro- oder Gasherd genauso verwenden wie auf Glut oder dem kleinen Lagerfeuer. Der einzige Nachteil: Gusseisen ist schwer. Aber wenn Sie den Topf bzw. die Pfanne nicht nur zum Brotbacken verwenden, sondern auch zum Kochen, dann ist es das einzige Küchenutensil, das sie im Falle einer Flucht von zu Hause brauchen.

Wenn der Topf oder die Pfanne nach dem Kauf noch nicht eingebrannt oder nicht mit Emaille überzogen sind, sollten Sie das Material mit Fett einbrennen, damit es nicht rostet und eine robuste Schutzschicht gegen Anhaftungen bekommt.

GUSSEISEN EINBRENNEN

1. Material mit einem feuchten Tuch sauber wischen.
2. Nachdem es getrocknet ist, mit einem fusselfreien Tuch hauchdünn Leinöl auf der Innen- und Außenseite verteilen. Es muss eine gleichmäßige Schicht sein. Das Eisen färbt sich dadurch dunkel, aber fühlt sich nicht nass an.
3. In einen auf ca. 200 °C aufgeheizten Ofen stellen und so lange darin lassen, bis kein Rauch mehr entsteht (ca. 30 Minuten). Öffnen Sie die Tür bzw. das Fenster, damit der Rauch abziehen kann oder brennen Sie das Material im Freien ein, wenn möglich.
4. Nach dem Auskühlen den Vorgang wiederholen und eine zweite Schicht auftragen und einbrennen.

IM TOPF BACKEN

1. Heizen Sie den Topf samt Deckel auf ca. 250 °C für 30 Minuten vor.
2. Kippen Sie dann den Teigling in den Topf. Der Teigling sollte allseits gut bemehlt sein. Falls nicht, bemehlen Sie dessen spätere Unterseite (im Gärkorb oder in der Schüssel also die Oberseite), ehe sie ihn in den Topf kippen. Ist die Unterseite feucht, klebt das Brot nach dem Backen am Topfboden. Decken Sie den Topf mit dem Deckel ab.
3. Stellen Sie den Haushaltsofen sofort nach dem Backbeginn auf 230 °C. Bei Verwendung anderer Hitzequellen entscheiden Sie nach Gefühl bzw. wachsender Erfahrung, wie Sie die Temperatur steuern (siehe auch Kapitel ab Seite 53).
4. Im Haushaltsofen nehmen Sie den Deckel nach ca. 30 Minuten ab, damit die Kruste kräftig bräunt. Nutzen Sie andere Hitzequellen, schauen Sie ab und zu in den Topf und entscheiden anhand der Krustenfarbe, ob Sie den Deckel abnehmen oder nicht.

HANDGRIFFE IN DER NOT

STELLEN SIE SICH vor, Sie müssen von zu Hause fliehen, sie haben kaum Platz oder gar einen sauberen Tisch, um den Teig zu bearbeiten. Die Techniken, die Sie bisher zum Teigkneten, Zwischenbearbeiten und Formen angewandt haben, sind dann nicht mehr ohne weiteres möglich. Dieses Kapitel stellt Ihnen Handgriffe vor, für die Sie weder einen Tisch noch spezielles Werkzeug brauchen. Üben Sie die Techniken ruhig auch einmal zu Hause, damit sie im Krisenfall schon eine Idee von der praktischen Umsetzung haben.

TEIGE MISCHEN UND KNETEN

Das Mischen der Teigzutaten sollte immer in der Schüssel erfolgen (Alternativ in einer Tüte, siehe Tipp auf Seite 18). Eine Hand hält die Schüssel fest, die andere Hand mischt vom Rand zur Mitte. Je nach Konsistenz ist es effektiver, den entstehenden Teig mit der Hand zu greifen und zwischen den Fingern hindurchzuquetschen oder bei weichen Teigen eine rührende Bewegung mit der halb geöffneten Hand zu vollziehen. Wenn alle Zutaten zu einem gleichmäßigen Teig vermischt sind, ist die Arbeit getan. Für die Rezepte dieses Büchleins reicht das aus. Für andere Rezepte aus Weizen oder Dinkel muss gegebenenfalls noch geknetet werden.

Dafür wird der Teig in der Schüssel vom Rand nach oben gedehnt und anschließend tief in die Mitte gedrückt. Damit die Arbeit effektiv ist, drehen Sie mit der freien Hand die Schüssel immer ein Stück weiter, damit die andere Hand danach den eben beschriebenen Schritt ausführen kann. Sie werden mit jedem Dehnen und Eindrücken merken, dass der Teig straffer und glatter wird. Ist er ganz glatt und geschmeidig, können Sie aufhören.

Haben Sie einen sauberen Tisch zur Verfügung, können Sie den Weizen- oder Dinkelteig auch dort kneten. Das ist effektiver. Ein sehr fester Teig wird mit einer oder beiden Händen auf der Teigmitte vom Körper weggedrückt und anschließend durch lockere Einrollbewegungen zum Körper hin zu einer Art Rolle gespannt. Dann drehen Sie den

Teig um 90° im oder gegen den Uhrzeigersinn auf dem Tisch und vollziehen das Wegdrücken (Dehnen) und straffe Aufwickeln erneut. Der Wechsel aus Drehen, Dehnen und Aufwickeln führt relativ schnell zu einem glatten und geschmeidigen Teig.

Bei mittelfesten bis weichen Teigen hilft die Schlagmethode. Dafür greifen Sie den auf dem Tisch klebenden Teig am linken Ende mit der rechten Hand von hinten und mit der linken Hand von vorn, ziehen ihn mit Schwung vom Tisch ab (je schneller, umso weniger klebt er am Tisch), drehen ihn dabei in der Luft um 90° im Uhrzeigersinn, sodass die Hände nun links und rechts sind und schlagen ihn mit Wucht auf dem Tisch auf. Die Hände bleiben weiterhin am Teig und ziehen diesen nun zum Körper, um ihn im nächsten Moment vom Körper wegzuschleudern und über sich selbst zu klappen. Nun greifen die Hände wieder das linke Teigende von hinten und vorn und der Ablauf beginnt von Neuem, bis der Teig glatt und geschmeidig ist. Je schneller und lockerer Sie diese Technik anwenden, umso weniger klebt der Teig.

TEIGE DEHNEN UND FALTEN

Das Dehnen und Falten eines Teiges (betrifft nur Weizen- und Dinkelteige) verbessert die Teigstabilität und die Lockerung des Brotes. Besonders wenn ohne Gärkorb gearbeitet und eventuell auch ohne starke Hitze gebacken wird, sollte der Teig ein Maximum an Stabilität haben.

Für das Dehnen und Falten hält eine Hand die Schüssel fest und dreht sie nach jedem Dehn- und Faltvorgang ein Stück. Nach dem Drehen fährt die andere Hand am Schüsselrand tief unter den Teig, hebt ihn dehnend locker nach oben, bis der Widerstand zu groß wird (Teig sollte nicht reißen) und legt den Teig über der Mitte der Schüssel auf dem Teig ab. Der Wechsel aus Drehen und Dehnen/Falten wird so lange wiederholt, bis der Teig straff und stabil in der Schüssel liegt. Nach einer gewissen Ruhezeit folgt meist ein weiterer Durchgang. Dies ist aber in den Rezepten hinterlegt. Zum Dehnen und Falten sollte die Hand möglichst nass sein, damit der Teig nicht klebt. Bei sehr straffen bzw. festeren Teigen klebt auch ohne Wasser nichts.

TEIGE PORTIONIEREN

Falls mehrere Brote oder Brötchen gebacken werden sollen, muss der Teig geteilt werden. Normalerweise wird der Teig mit Hilfe einer flexiblen Teigkarte aus der Schüssel auf die bemehlte Arbeitsfläche gegeben und dann mit einer starren Teigkarte portioniert und abgewogen. In Notsituationen ohne geeigneten Tisch und ohne Waage, muss einerseits das Augenmaß herhalten, um einigermaßen gleich große Teiglinge zu erhalten. Andererseits muss der Teig direkt in der Schüssel geteilt werden. Dazu bestreuen Sie den Teig entweder kräftig mit Mehl oder benetzen Ihre Hände mit Wasser. Dann greifen Sie mit einer Ihrer Handflächen unter den Teig, sodass der Daumen noch auf der Teigoberfläche liegt. Der Daumen auf dem Teig und der Zeigefinger unter dem Teig sind die Grenze zwischen dem Stück, das Sie abtrennen möchten und dem restlichen Teig. Schieben Sie Ihre Finger so weit unter den Teig, dass sie auf der anderen Seite wieder herauskommen. Schnüren Sie nun den Teig zwischen Ihrer Handfläche (genauer: zwischen Ihrem Zeigefinger) und dem Daumen ab, so als ob Sie ein Seil umklammern. Wenn Sie ausreichend bemehlt oder mit Wasser gearbeitet haben, klebt der Teig kaum an Ihrer Hand und Sie können das abgetrennte Teigstück aus der Schüssel nehmen. Bei größeren Teigen gehen Sie mit beiden Händen unter den Teig und schnüren das gewünschte Stück ab.

Sollten Sie ein scharfes Messer bei sich haben, können Sie das gewünschte Teigstück mit einer Hand leicht anheben und mit dem Messer in der anderen Hand durch eine schnelle Schneidbewegung horizontal abtrennen.

TEIGE FORMEN

Üblicherweise werden Teige auf der bemehlten Arbeitsfläche in Form gebracht. Gibt es in Notsituationen keine geeignete (saubere) Fläche, muss der Teig entweder in der Luft oder in der vorhandenen Schüssel geformt werden. Wenn der Teig fest genug ist (nur bei Weizen und Dinkel), also kaum klebt, kann er mit beiden Händen in der Luft gestrafft werden, indem Sie die Ränder unter den Teig ziehen und dort locker zusammendrücken (diese Stelle ist der so genannte „Schluss"). So entsteht auf der Oberseite eine gespannte, glatte Fläche. Halten Sie den so gestrafften runden Teigling mit einer Hand fest, streuen Sie etwas Mehl in die Schüssel oder legen ein bemehltes Tuch hinein, um anschließend den Teigling mit der glatten Seite nach oben (also Schluss nach unten) in der Schüssel abzusetzen.

Alternativ können Sie weichere Weizen- oder Dinkelteige innerhalb der Schüssel formen. Dazu streuen Sie etwas Mehl (am besten Roggenmehl) zwischen Schüssel und Teig und schieben dieses mit der flexiblen Teigkarte so weit nach unten, dass sich der Teig gut von der Schüssel löst. Notfalls mehlen Sie nochmal nach. Nun gehen Sie wie beim Dehnen und Falten vor. Greifen Sie mit einer Hand (gern leicht bemehlt) ein Stück Teig vom Rand und legen es leicht gedehnt zur Mitte. Drehen Sie die Schüssel und wiederholen Sie den vorherigen Schritt. Wenn Sie einmal rundherum den Rand zur Mitte gelegt haben, bemehlen Sie die Oberseite (den „Schluss“), heben den Teigling mit Hilfe der flexiblen Teigkarte an, streuen etwas Mehl in die Schüssel oder legen ein bemehltes Tuch hinein und setzen den Teigling mit dem Schluss nach unten in die Schüssel zurück, damit er noch etwas aufgehen kann, ehe er gebacken wird.

Roggenteige, die naturgemäß keinen inneren Zusammenhalt haben, also immer brüchig auf Druck oder Zug reagieren, sollten Sie ohne geeignete Arbeitsfläche am besten direkt nach dem Mischen mit der Teigkarte aus der Schüssel heben, die Schüssel kräftig bemehlen, dann den Teig mit nassen Händen wie Ton rundstreichen, in die Schüssel setzen und nochmals gut bemehlen. Noch einfacher gelingt das Roggenbrot, wenn Sie den Teig nach dem Mischen einfach in eine gefettete oder mit Backpapier ausgelegte Kastenform geben und glattstreichen.

WERKZEUG UND HÄNDE SÄUBERN

Außerhalb der eigenen Räumlichkeiten kann es im Notfall manchmal schwierig sein, an Wasser zu kommen. In Krisenzeiten mag es auch an Wasser in der eigenen Wohnung mangeln oder es muss gespart werden. Machen Sie sich um die Reinlichkeit beim Brotbacken keine großen Sorgen. Die Teigreste lassen Sie bei Wassermangel einfach eintrocknen. Einmal getrocknet, lösen sie sich sehr einfach von der Schüssel und der Teigkarte. Haben Sie frische Teigreste an Ihren Händen, dann reiben Sie die Hände kräftig aneinander. So entstehen Krümel, die abfallen.

Bei nächster Gelegenheit können Sie dann Ihre Hände mit Wasser von den restlichen Mehl- und Teigpartikeln befreien.

Achten Sie darauf, dass Sie Ihre Utensilien so lange luftig lagern, bis die Teigreste komplett eingetrocknet sind, ansonsten besteht Schimmelgefahr.

GETREIDE IN KRISENZEITEN

GETREIDE BEVORRATEN

DIE BUNDESREPUBLIK LAGERT an mehreren Standorten Deutschlands Getreide, um die Bevölkerung notfalls 2–3 Wochen autark versorgen zu können. Alle zehn Jahre werden die Vorräte erneuert. Das ist auch zu Hause möglich. Getreidekörner bleiben über Jahre in ihrer Qualität stabil. Sie sollten trocken, kühl und lichtgeschützt lagern, außerdem in geschlossenen Behältern, um ein- und ausdringenden Schädlingen keine Chance zu geben. Temperaturschwankungen sollten möglichst vermieden werden.

Sie können natürlich auch Mehl und andere Getreideerzeugnisse (Schrot, Flocken, Grieß etc.) unter gleichen Bedingungen bevorraten wie die Körner. Sie sollten nur ein Auge darauf haben, dass Sie die Vorräte halb- bis ganzjährlich erneuern. Gemahlenes Getreide wird durch Reaktion mit der Luft ranzig und verliert auch einen Teil seiner guten Backeigenschaften.

Denken Sie in Notsituationen nicht nur daran, dass Sie überhaupt Getreide auf Vorrat haben, sondern bedenken Sie auch, in welcher Form Sie es bevorraten oder verarbeiten möchten. Im schlimmsten Falle herrscht Mangel an allem. Es sollte in solch einer ernsten Situation Ihr Bestreben sein, mit möglichst wenig Nahrung möglichst lange versorgt und gesättigt zu sein. Deshalb ist es ratsam, mit Vollkornmehl oder gar Vollkornschrot zu arbeiten (siehe auch folgendes Kapitel). Es wäre in Zeiten des Hungers ein Frevel, einen Teil des Korns zu verwerfen. Mal ganz abgesehen vom gesundheitlichen Aspekt. Die Schalenbestandteile im vollen Korn führen zu einem lange anhaltenden Sättigungsgefühl. Die darin enthaltenen Mineralstoffe, Fette und Vitamine sind in Mangelzeiten kaum aus anderen Quellen zu bekommen. Wenn Sie das Getreide nur grob mahlen bzw. als Schrot bevorraten, dann müssen Sie das daraus gebackene Brot viel länger kauen als ein Brot aus fein gemahlenem Mehl. Langes Kauen stärkt das Sättigungsgefühl zusätzlich.

Schrot und Schrotbrot sind in Zeiten von Nahrungsmangel die beste Wahl. An zweiter Stelle folgt Vollkornbrot.

GETREIDE MAHLEN

Die bevorrateten Körner können bei Bedarf mit einer Haushaltsmühle (elektrisch oder Handbetrieb) oder mit einem guten Standmixer, notfalls auch mit einer Kaffeemühle zum Kurbeln zu Schrot und Mehl vermahlen werden. Es gibt im Handel auch kleine Handgetreidemühlen (Reisemühlen), die in Vorbereitung für einen Krisenfall eine Anschaffung wert sind. Es entsteht dabei immer Vollkornmehl (= fein) bzw. Vollkornschrot (= grob). Mit Hilfe von Mehlsieben kann ein Teil der Schale (Kleie) ausgesiebt werden, um etwas lockerere Gebäcke herstellen zu können. Wie zuvor bereits erwähnt, schickt sich das moralisch nicht, wenn allgemeine Versorgungsnot herrscht und jedes Gramm Getreide zählt.

Wenn Sie aus Ihrer Wohnung fliehen mussten und gerade noch Getreidekörner einpacken, aber keine Mahlmöglichkeit mitnehmen konnten, dann improvisieren Sie. Legen Sie die Körner in eine Tüte (am besten ein stabiler Gefrierbeutel) oder in einen Stoffbeutel und schlagen Sie mit einem stumpfen Gegenstand darauf. So entsteht Schrot, das sie zu Brot verarbeiten können (siehe Schrotbrot Seite 67). Es ist mühsam, aber es geht.

Eine zweite Möglichkeit geht zurück auf die Anfänge der Getreideverarbeitung in der Menschheitsgeschichte. Suchen Sie sich einen sauberen, großen, flachen Stein oder eine vergleichbare raue, abriebfeste Oberfläche (z. B. Natursteinplatte aus Granit oder Basalt) und einen kleineren, handlichen, halbflachen Stein mit möglichst abgerundeter Oberfläche (z. B. ein großer Flusskieselstein). Streuen Sie die Körner auf den großen Stein und reiben Sie mit all Ihrer Kraft mit dem kleinen Stein auf den Körnern vor und zurück. Idealerweise hat der große Stein eine leichte Vertiefung, die den kleinen Stein führt. Auch das ist ein mühsames Unterfangen, aber in der Not immer noch besser als gar kein Mehl zu haben. Achten Sie darauf, dass Sie Steine verwenden, die wenig Abrieb erzeugen.

Ganz gleich, wie Sie die Getreidekörner zerkleinern, Sie werden natürlich nie ein Mahlprodukt herstellen, das die Eigenschaften eines professionell gemahlenen Mehles oder Schrotes besitzt. Je gröber Ihr Mahlgut ist, umso länger sollten Sie den Teig kneten, damit sich die Mehlbestandteile von den Schalenteilen trennen und eine Grundmasse bilden können, die für den Zusammenhalt des Teiges und der Brotkrume sorgt.

Tasten Sie sich bei der verwendeten Wassermenge heran. Grobes Mahlgut bindet langsamer Wasser. Sie sollten es also unbedingt 30–60 Minuten nur mit Wasser oder einer anderen Flüssigkeit (siehe Seite 35) verquellen lassen, ehe Sie den endgültigen Teig herstellen und gegebenenfalls nochmal Flüssigkeit nachgeben. Haben Sie Ihre Körner geflockt (also z. B. mit einem Handflocker), dann sollten Sie die Flocken 1–2 Stunden vor der Teigbereitung im gesamten Wasser des Rezeptes einweichen und danach mit den anderen Zutaten intensiv kneten.

Auch die Reifezeit des Teiges wird von der Feinheit des Mahlgutes beeinflusst. Je gröber, umso länger die Reifezeit. Achten Sie also weniger auf die Zeit, sondern auf die Entwicklung des Teiges. Die Rezepte in diesem Buch geben Ihnen einen Eindruck davon (ab Seite 64).

MEHL AUSTAUSCHEN

Sicherer als mit selbst gemahlenem Getreide gelingt das Brot mit professionell gemahlenem Mehl. Solange noch ein Vorrat in der Wohnung oder unterwegs verfügbar ist, arbeiten Sie gern damit. Wenn das zur Verfügung stehende Rezept eine bestimmte Mehltype verlangt, diese aber bei Ihnen nicht mehr vorrätig ist, können Sie die Mehltype ersetzen. Haben Sie z. B. nur Type Weizen 1050, bräuchten aber Type 550, dann ersetzen Sie diese mit Type 1050. Innerhalb der Getreidefamilien (Weizen, Dinkel, Roggen) geht das problemlos. Je höher die Typenzahl (maximale Type = Vollkornmehl – ca. Type 1800), umso mehr Wasser muss in den Teig gegeben werden und umso kürzer reift der Teig. Wechseln Sie zur niedrigeren Type, brauchen Sie weniger Wasser und müssen mit etwas mehr Reifezeit rechnen.

Möchten oder müssen Sie Weizen gegen Dinkel, Emmer oder Einkorn tauschen, funktioniert das bis zu einem Weizenanteil im Rezept von ca. 20 % weitgehend ohne Qualitätseinbußen. Dominiert aber der Weizen im Brot (> 20 %) und soll mit den genannten anderen Getreiden ersetzt werden, sollten Sie folgende Hinweise beachten, damit Ihr Brot nicht zu trocken und krümelig wird:

- *den Teig weicher halten (mehr Wasser, aber höchstens so viel, dass Sie den Teig noch bearbeiten können)*
- *Wasser in gebundener Form in den Teig bringen (gekochte Kartoffeln, Milchprodukte, Quellstück aus Flohsamenschalen oder Leinmehl, Mehlkochstück, gekochte Nudeln, gekochter Reis, siehe auch Seite 32)*
- *kurz und schonend kneten (maximal die halbe Knetzeit der Weizenvariante)*

Wird Weizen oder Dinkel mit Roggen getauscht, dann ist mehr Wasser im Teig nötig und das Brotvolumen sinkt. Außerdem sollte der Roggenanteil bei Hefebroten maximal 20–30 % betragen. Für einen höheren Roggenanteil sollte Sauerteig oder zumindest die Zugabe von Essig (= Säure) eingeplant werden, damit das Brot nicht zu feucht oder gar klitschig wird.

BROTGETREIDEMEHL MIT NICHTBROTGETREIDEMEHL ERSETZEN

Bis zu 20 % der Gesamtmehlmenge können Sie mit Rohstoffen austauschen, die nicht zur Gruppe der Getreide oder der Brotgetreide zählen, u. a.:

- *Buchweizenmehl*
- *Kastanienmehl*
- *Kichererbsenmehl*
- *Linsenmehl*
- *Hafermehl*
- *Maismehl*
- *Hirsemehl*
- *Gerstenmehl*
- *Reismehl*

Je mehr davon in den Teig gelangt, umso weniger Volumen entwickelt das Brot. Die Wassermenge muss „auf Sicht" angepasst werden. Verwenden Sie also erstmal weniger Wasser und schütten ggf. beim Mischen Wasser nach.

ÜBRIGENS: Im Ersten und auch im Zweiten Weltkrieg wurden Brote teils versuchsweise, teils aber auch flächendeckend mit Mehlen aus Stroh, Holz, Gras, Pilzen oder Moos gestreckt. Die Wissenschaft hat schon damals nicht viel davon gehalten. Wenn die Not so groß ist, helfen auch diese Beimengungen nicht mehr, den Mangel aufzuhalten.

MEHL EINSPAREN

Wenn Mehl Mangelware ist, sollten Sie nach Möglichkeiten suchen, möglichst viel Mehl einzusparen. Im vorherigen Kapitel sind schon alternative Mehle genannt worden, die kein (Brot-) Getreide sind. Sollten Sie derartige Mehle haben, können Sie Ihren Teig mit bis zu 20 % davon „strecken", also im Umkehrschluss bis zu 20 % vom Getreidemehl einsparen, ohne dass die Brotqualität bedeutend schlechter wird. Es gibt aber noch weitere Möglichkeiten, ein gutes Brot zu backen und das Mehl sparsam zu verwenden.

WASSERREICHE TEIGE VERARBEITEN

Mehr Wasser im Teig bedeutet weniger Mehl pro Kilogramm Brot. In Krisenzeiten sind also Teige mit einer hohen Teigausbeute gefragt. Das erfordert etwas mehr handwerkliches Geschick oder eine Kastenform, in der die Brote gebacken werden können. Alternativ backen Sie aus dem weichen Teig Fladenbrote. Sie können das Wasser auch an andere Zutaten binden, etwa einen Teil Nichtgetreidemehl (siehe Seite 31) oder Roggenmehl mit Wasser oder einer anderen Flüssigkeit (Seite 35) verkochen (Mehlkochstück). Dann bleibt der Teig trotz hohem Wasseranteil formbar.

MEHLKOCHSTÜCK HERSTELLEN

Verwenden Sie von Ihrer Gesamtmehlmenge im Rezept 5 % Mehl und verrühren Sie es mit der gesamten Salzmenge und der fünffachen Wassermenge. Kochen Sie die Mischung unter Rühren auf, bis sie eindickt. Decken Sie das Kochstück möglichst direkt auf der Oberfläche zu, damit kein Kondenswasser entsteht. Sobald es ausgekühlt ist, können Sie es dem Teig zugeben.

BEISPIEL. Ein Rezept enthält 500 g Mehl. Für das Mehlkochstück verwenden Sie also 25 g sowie 125 g Wasser und das gesamte Salz aus dem Rezept. Die 125 g Wasser ziehen Sie vom ursprünglichen Rezept ab. Wenn Sie den Teig anmischen, werden Sie merken, dass er zu fest ist. Schütten Sie dann so viel Wasser nach, bis er die bekannte oder für Sie richtige (leicht klebrige) Konsistenz hat.

Haben sie keine Möglichkeit zu kochen, möchten aber dennoch viel Wasser in den Teig bringen, nutzen Sie Zutaten, die gut quellen. Dazu gehören in der Reihenfolge absteigender Quellfähigkeit (Prozentangaben bezogen auf Gesamtmehlmenge):

- *max. 2 % Flohsamenschalen (x 20)*
- *max. 8 % Leinmehl (x 5)*
- *max. 15 % Leinsaat (am besten geschrotet) (x 3)*
- *max. 20 % Altbrot (getrocknet, gemahlen) (x 2)*
- *max. 15 % alter Sauerteig (geröstet, gemahlen) (x 1,5)*

Es ist ratsam, diese Zutaten mit der in Klammern angegeben vielfachen Wassermenge einige Stunden vorzuquellen. Wenn Sie die Zutaten erst beim Mischen in den Teig geben, quellen diese noch, während der Teig bereits aufgeht. Sie haben also keine Gelegenheit mehr, noch Wasser nachzugeben, wenn Sie merken, dass der Teig zu fest wird. Quellen Sie die Zutaten dagegen vor, können Sie direkt beim Mischen die gewünschte Teigkonsistenz einstellen.

Auch ohne Quellstoffe gelingen wasserreiche Teige. Allerdings braucht es dafür handwerkliche Übung beim Formen und eine starke Hitzequelle für das Backen.

TEIGE MIT ANDEREN ZUTATEN ANREICHERN

Küchenreste können hervorragend in Brotteigen zweitverwertet werden. Das „streckt" den Mehlbedarf bzw. erhöht die Brotausbeute pro Kilogramm Mehl. Außerdem verlängern sie die Frischhaltung des Brotes. Geeignet sind u. a. folgende Zutaten:

- *Kartoffeln (gekocht, zu Brei gestampft)*
- *Nudeln (gekocht, zu Brei püriert)*
- *Reis (gekocht, zu Brei püriert)*
- *Kürbis (gekocht, zu Brei püriert)*

Auch andere Reste wie Gemüse oder (vorgequollenes) Müsli können Sie nach dem Kneten noch mit in den Teig mischen.

TEIGE MIT SAUERTEIGRESTEN ANREICHERN

Jedes Brotrezept mit Hefe kann mit 5–15 % altem Sauerteig (Anstellgutreste) ergänzt werden. Das verbessert den Geschmack, die Haltbarkeit und die Frischhaltung und spart 3–10 % Mehl, das aus dem Rezept herausgerechnet werden kann, weil es ja schon in den Sauerteig- bzw. Anstellgutresten steckt.

BERECHNUNGSBEISPIEL

Ein Rezept enthält 500 g Mehl und 330 g Wasser. Sie möchten gern 60 g altes Anstellgut (= 12 %) mit in den Teig geben, um es nicht wegwerfen zu müssen. Überlegen Sie, in welchem Verhältnis im Anstellgut Mehl und Wasser enthalten sind. In den meisten Fällen zu gleichen Teilen. Also haben Sie hier 30 g Mehl und 30 g Wasser eingespart. Sie geben in den Teig also nur noch 470 g Mehl, 300 g Wasser und 60 g altes Anstellgut.

SAUERTEIGPFLEGE MIT WENIG MEHL

In schlechten Zeiten muss auch der Sauerteig zum Sparen beitragen. Normalerweise wird er regelmäßig gefüttert (Seite 40). Ist das Mehl knapp, droht der Sauerteig zu verhungern. Damit das nicht passiert, kann einerseits die aufgefrischte Menge auf ca. 30 g Sauerteig reduziert werden (statt normalerweise 80–100 g). Andererseits kann er selbst auch in den Winterschlaf geschickt werden, indem er ein letztes Mal mit weniger Wasser als Mehl (z. B. 30–40 g Wasser auf 50 g Mehl) aufgefrischt und sehr jung (nur geringe Volumenzunahme während der Reife) bei 1–5 °C in den Kühlschrank gestellt wird. Der Deckel sollte sehr fest verschlossen sein, damit sich im Gefäß ein CO_2-Druck aufbauen kann. Das hält den Sauerteig aktiver. Ist wieder Mehl erhältlich, wird der Sauerteig ein paar Mal nacheinander warm (26–30 °C) und mit der altbekannten Wassermenge aufgefrischt.

Alternativ kann der Sauerteig bei Mehlmangel auch mit einem anderen Mehl aufgefrischt werden. Ist z. B. kein Roggenmehl mehr vorhanden, kann auch Weizenmehl verwendet werden. Nach der Zeit des Mangels wird wieder auf Roggenmehl gewechselt. Nach ein paar Auffrischungen hat sich die Kultur wieder an die alte Nahrung gewöhnt. Denken Sie daran, dass Roggenmehl mehr Wasser bindet als Weizen- oder Dinkelmehl. Richten Sie sich deshalb besser nach der Sauerteigkonsistenz und nicht nach den genauen Grammangaben.

WASSER UND ANDERE FLÜSSIGKEITEN

Wird das Wasser knapp, sollte es vor allem zum Trinken und nicht zum Backen verwendet werden. Eine Möglichkeit, um Wasser zu sparen, sind festere Teige. Die Brote werden dadurch feinporiger und kompakter, aber dennoch genießbar. Besonders im Weizenbereich sind sehr feste Teige mit 500–600 g Wasser auf 1000 g Mehl keine Seltenheit. Es entstehen herrliche Weißbrote daraus, allerdings ist das Kneten umso anstrengender. Wenn Sie weniger Wasser in den Teig geben, verlängert sich automatisch die Reifezeit. Außerdem sollten Sie die Wassertemperatur erhöhen, um mit weniger Wasser auf die gleiche Teigtemperatur zu kommen.

Wenn Sie noch andere Flüssigkeiten im Vorrat haben, die sich nicht unbedingt zum Trinken in großen Mengen eignen, nutzen Sie diese, um Brot zu backen. Säfte, Milch, aber auch Joghurt, Mandeldrinks, Sojadrinks, Molke, Kochwasser (von Gemüse, Kartoffeln, Nudeln etc.) oder Alkoholika eignen sich zum Brotbacken. Letztere sollten einmal aufgekocht werden, da der Alkohol in so großen Mengen die Triebkraft von Hefe und Sauerteig einschränkt. Ob Sie die Flüssigkeiten kombinieren, mit frischem Wasser mischen oder sortenrein in den Teig geben, hat letztlich nur eine geschmackliche Auswirkung. Fast alle Ersatzflüssigkeiten enthalten neben Wasser noch andere Bestandteile, sodass Sie etwas mehr Flüssigkeit benötigen als in Zeiten, in denen Sie Wasser zum Brotbacken verwendet haben. Orientieren Sie sich bei der Zugabemenge wieder an der gewünschten Teigkonsistenz.

SALZ REDUZIEREN

Salz ist ein wichtiger Bestandteil von Brot, nicht nur aus geschmacklichen Gründen. Es stabilisiert den Teig, hilft der Bräunung der Kruste und reguliert den mikrobiellen Stoffwechsel von Hefe und Sauerteig. Weniger Salz bedeutet automatisch weniger Geschmack, eine hellere Brotkruste und kürzere Reifezeiten. Ein Mindestmaß an Salz sollte im Teig enthalten sein. Im Notfall können Sie den Salzanteil auf ein Viertel reduzieren.

SALZGEHALTE (BEZOGEN AUF DIE GESAMTMEHLMENGE)	
2,2 %	in sehr wasserreichen Teigen üblich
2 %	Standardmenge in Broten
1,5 %	geschmacklich tolerabel
	etwas hellere Kruste
	leicht verkürzte Reifezeiten
1 %	fader Geschmack
	helle Kruste
	weicherer Teig
	verkürzte Reifezeiten
0,5 %	Mindestgehalt in Broten, um die positiven backtechnologischen Eigenschaften nutzen zu können
	extrem fader Geschmack
	extrem helle Kruste
	Teig mit wenig Stabilität
	stark verkürzte Reifezeiten

Ein Brot mit wenig oder fast ohne Salz schmeckt in normalen Zeiten niemandem. In der Not ist ein Brot ohne Salz immer noch besser als kein Brot. Und selbst dann lässt sich der Mangel an Salz mit einem gut durchsäuerten Sauerteig, intensiven Gewürzen im Brot (klassische Brotgewürze wie Kümmel, Fenchel, Anis, Schabzigerklee) oder mit intensiven Belägen, Aufstrichen und Beilagen kaschieren.

HEFE BEVORRATEN UND EINSPAREN

Für gutes Brot mit vollem Geschmack braucht es maximal 10 g Frischhefe auf 1000 g Mehl. Ein Würfel Frischhefe reicht dann für 6–8 kg Brot. Wer noch weniger Hefe verbrauchen möchte, kann sich meine als „Plötz-Prinzip“ bekannt gewordene Methode zu eigen machen (siehe auch Buchtipps Seite 78). Für 1 kg Brot werden dafür nur 0,3–0,4 g Frischhefe benötigt, also ein streichholzkopfgroßes Stück. Der Teig ruht über 20–24 Stunden bei 18–20 °C, wird dann locker geformt und nach einer weiteren Stunde Stückgare gebacken. Auch für die Rezepte des vorliegenden Büchleins (ab Seite 64) wird eine minimale Menge Hefe verwendet, dafür eine entsprechend lange Ruhezeit des Teiges.

BACKHEFE DURCH EINFRIEREN BEVORRATEN

Frischhefe ist nicht unbegrenzt in der Lage, einen Teig zu lockern. Je älter sie ist und je wärmer sie lagert, umso weniger Triebkraft hat sie und umso mehr greift sie die Stabilität des Teiges an. Deshalb kommt es auf die richtige Lagerung an.

Sofern Strom vorhanden ist oder die Jahreszeit passt, können Sie Frischhefe in den benötigten Portionen einfrieren. Dadurch verliert zwar ein Teil der Zellen seine Vermehrungsfähigkeit, aber die Triebleistung bleibt gewährleistet. Teige können also trotzdem gelockert werden. Unter Umständen verlängern sich aber die Reifezeiten. So können Sie die Hefe statt über wenige Wochen mehrere Monate für den Notfall aufbewahren.

MIT TROCKENHEFE BACKEN

Trockenhefe bleibt länger aktiv als Frischhefe. Dennoch sollte sie möglichst im Kühlschrank gelagert werden. Je älter sie ist und je wärmer sie gelagert wird, umso weniger leistungsfähig ist sie. So können Sie sich einen Nothefevorrat anschaffen, der über mindestens 1–2 Jahre hält. Selbst wenn irgendwann der Strom ausfallen sollte, bleibt sie deutlich triebfähiger als Frischhefe, die bei Raumtemperatur sehr schnell an Aktivität verliert.

Trockenhefe sollte nicht in Wasser aufgelöst werden („hypoosmotischer Schock“). 1 g Trockenhefe entspricht ca. 3 g Frischhefe.

Trockenhefe kommt im Teig etwas langsamer in Schwung als Frischhefe. Hier hilft Geduld oder das Ansetzen eines schnellen Vorteiges (Hefestück). Dazu wird die gesamte Hefe mit etwas Mehl und Wasser zu einem mittelweichen Teig verrührt und so lange bei Raumtemperatur stehen gelassen, bis sich das Volumen sichtbar vergrößert hat und eine deutliche Aktivität zu sehen ist (ca. 30–60 Minuten). Sie können alternativ auch ca. 10–15 % mehr Trockenhefe zum Teig geben (bezogen auf die ursprünglich berechnete Trockenhefemenge, z. B. 0,35 g statt 0,3 g). Das Abwiegen kleiner Mengen von Trockenhefe ist ohne Feinwaage (zu beziehen im Haushaltswarenladen bzw. Internet) schwierig. Die Tabelle auf Seite 17 hilft Ihnen beim Abschätzen.

BACKHEFE VERMEHREN

FORTLAUFEND GEFÜHRTER VORTEIG

Früher war es üblich, die rare und teure Hefe über möglichst lange Zeit weiter zu vermehren. Dazu wurde der Brotteig einmal mit etwas Hefe angesetzt. Nach dem Kneten und einer kurzen Gare wurde dann ein Teil des Teiges möglichst kalt über mehrere Tage gelagert. Der Teig fermentierte. Deshalb nennt sich diese Art Vorteig heute auch noch „Pâte fermentée“ (gereifter/fermentierter Teig). Die zugegebene Hefe hatte sich während der Teigreife außerhalb der Kälte etwas vermehrt und wurde danach über die Kälte „auf Eis gelegt“. Der Nebeneffekt war ein deutlich aromatischeres und bekömmlicheres Brot. Der Haupteffekt war aber der Verzicht auf neue Backhefe. Der Vorteig wurde am nächsten Backtag einfach mit den anderen Teigzutaten (Mehl, Wasser, Salz) gemischt und geknetet. Vom fertig gekneteten und leicht angegangenen Teig (mit vermehrter Hefe) wurde wieder etwas abgenommen und als neuer Vorteig bis zum nächsten Backtag kalt gelagert. Ein sehr sinnvoller und ressourcenschonender Kreislauf.

BEISPIEL FÜR EINEN HEFEVERMEHRUNGSVORTEIG

300 g Weizenmehl 550
200 g Wasser (30 °C)
1,5 g Frischhefe (etwa Kichererbsengröße)
6 g Salz

Den Teig mischen, 1–2 Stunden angehen und anschließend bei 1–5 °C bis zum nächsten Backtag ruhen lassen.

REZEPTBEISPIEL

gesamter Vorteig
600 g Weizenmehl 550
400 g Wasser (40°C)
12 g Salz

Alle Zutaten zu einem glatten, dehnbaren und elastischen Teig verkneten (Teigtemperatur ca. 26 °C).

Den Teig zugedeckt ca. 90–120 Minuten bei Raumtemperatur um gut die Hälfte des Ausgangsvolumens aufgehen lassen. Zwischendurch gern auch dehnen und falten. Vom Teig ca. 500 g abnehmen, kurz durchkneten und dann bis zum nächsten Backtag zugedeckt im Kühlschrank lagern. Den übrigen Teig straff formen und nochmals um gut die Hälfte bis auf knapp das doppelte Volumen reifen lassen. Bei 250 °C fallend auf 210 °C mit Dampf ca. 45–50 Minuten backen.

Diese Art Vorteig kann bis zu zwei Wochen im Kühlschrank lagern (möglichst kalt: 1–5 °C). Je länger er reift, umso mehr Geschmack kommt ins Brot, aber umso weniger Volumen entwickelt das Brot, weil das Klebereiweiß (Gluten, der Gerüstbildner im Teig) enzymatisch angegriffen wird. Die Salzzugabe bremst diesen Abbau. Ideal sind 2–5 Tage Lagerzeit. Der Vorteig kann zwischendurch aber auch mit Mehl, Wasser und Salz gefüttert und so aktiv und kleberstark gehalten werden.

FÜTTERUNGSBEISPIEL
250 g gereifter Vorteig aus dem Kühlschrank
150 g Weizenmehl 550
100 g Wasser (40°C)
3 g Salz

Alle Zutaten mischen, 1–2 Stunden bei Raumtemperatur angehen und bei 1–5 °C bis zum nächsten Backtag ruhen lassen.

Die restlichen ca. 250 g alter Vorteig können weiter aufbewahrt und bei Gelegenheit als geschmackliche Zugabe zu anderen Rezepten beigefügt werden (z.B. in Sauerteigbrote, Hefewasserbrote oder in Backwaren mit zusätzlicher Hefezugabe). Der restliche Vorteig kann außerdem portioniert, dünn ausgerollt und als eine Art Flammkuchen, Fladenbrot etc. verbacken werden. Auch als Stockbrot ist er noch gut zu verwenden. Alternativ kann er portionsweise eingefroren und wie eben beschrieben als geschmacksgebende Zutat (aufgetaut) in anderen Teigen verarbeitet werden.

Der Vorteig kann für alle Rezepte verwendet werden, in denen Hefe im Hauptteig genutzt wird. In aller Regel sollten 30 % des Mehles im Vorteig stecken. Besteht das Brot also aus 1000 g Mehl, sollten rund 300 g Mehl im Vorteig enthalten sein, was ungefähr der oben im Beispiel aufgeführten Vorteigmenge entspricht. Ist weniger Mehl verarbeitet, wird weniger Vorteig verwendet:

1000 g Mehl = 700 g Mehl + 500 g Vorteig
800 g Mehl = 560 g Mehl + 400 g Vorteig
600 g Mehl = 420 g Mehl + 300 g Vorteig

Wie die Mehlmenge auch, muss die Wasser- und Salzmenge im Vorteig dann im Hauptteig abgezogen werden, damit die Mengenverhältnisse passen.

Der reife Vorteig wird dann ganz nach Rezept mit den anderen Zutaten zum Teig gemischt und geknetet, nur ohne Frischhefe. Die Reifezeiten des Hauptteiges verlängern sich. Das ist von Rezept zu Rezept verschieden und muss beim ersten Mal „auf Sicht" ausprobiert und notiert werden. Je zucker- und fettreicher der Hauptteig, umso länger die Reifezeiten.

Wer immer dasselbe Rezept bäckt, bereitet beim ersten Mal einfach etwas mehr Teig mit Frischhefe zu und nimmt sich vom fertigen Teig ein Drittel bis die Hälfte weg für den Kühlschrank. Beim nächsten Backtag wird dieser gereifte Teig wieder mit den übrigen Zutaten des Rezeptes einfacher Menge gemischt (dann ohne Frischhefe). Wer jedes Mal verschiedene Rezepte backen möchte, sollte den Vorteig separat führen, wie auf Seite 39 beschrieben.

Wer experimentierfreudig ist, kann die Vorteiganteile am Gesamtteig auch variieren, z. B. halb Vorteig, halb Hauptteig (also 50 % des Mehles stecken im Vorteig, die anderen 50 % im Hauptteig). Auch die Mehle im Grundrezept von Seite 39 können Sie variieren, wenn Sie die Wassermenge entsprechend anpassen (siehe Seite 35). Selbst Roggenmehl ist möglich, solange der Anteil unter 30–50 % bleibt. Dann wäre ein Sauerteig besser als Lockerungsmittel geeignet (Seite 42).

Da auch Frischhefe wie Sauerteig Milchsäurebakterien enthält, die mit der fortlaufenden Pflege des Vorteiges ebenfalls vermehrt werden, wird der Vorteig nach einigen Fütterungen oder Abnahmen vom Hauptteig immer saurer. Ist er für die eigenen Geschmacksknospen zu sauer, muss mit etwas Frisch- oder Trockenhefe ein neuer Vorteig oder Hauptteig hergestellt werden, bei dem das beschriebene Prozedere der Hefevermehrung dann von Neuem beginnt.

HEFEVERMEHRUNG MIT WASSER UND ZUCKER

Analog zur Hefewasserauffrischung kann auch gekaufte Frischhefe vermehrt werden. Dazu ist einfach die Anleitung (Seite 47) zu befolgen. Statt Früchten oder Blüten geben Sie auf 250 g Wasser ein ca. erbsengroßes Stück Frischhefe, außerdem Zucker wie beschrieben. Der Rest der Prozedur gleicht der auf den Folgeseiten erklärten Hefewasserherstellung, -auffrischung und -verwendung.

OHNE BACKHEFE BACKEN

MIT SAUERTEIG BACKEN

Das Backen mit Sauerteig ist die deutlich ältere Methode, Brote zu lockern. Unsere heutige Hefe gibt es in dieser Form erst seit rund 150 Jahren. Vorher wurde überwiegend mit Sauerteig gebacken. In Zeiten knapper Hefe ist diese Methode also die Methode der Wahl, weil es uns als Brotbäcker unabhängig macht. Mehl, Wasser und Salz. Mehr ist nicht nötig.

Es ist empfehlenswert, sich den eigenen Sauerteig schon in guten Zeiten herzustellen und zu pflegen. In Notzeiten braucht es die Zeit und Aufmerksamkeit meist bei anderen Themen. Sollten Sie den Aufwand scheuen (dauert ca. 1 Woche), dann schauen Sie auf www.sauerteigbörse.de. Dort verschenken Hobbybäcker ihre Sauerteige gern an Sie. Dann bleibt es nur noch an Ihnen, den Sauerteig regelmäßig aufzufrischen, damit er aktiv ist, wenn Sie ihn benötigen.

ANLEITUNG ZUM HERSTELLEN VON SAUERTEIG

SCHRITT 1

50 g Roggenvollkornmehl (20 °C)
50–60 g Wasser (40 °C)

Mehl und Wasser kräftig mischen und ca. 24–36 Stunden bei ca. 28–30 °C zugedeckt stehen lassen, bis sich eine deutliche Bläschenbildung zeigt. Das Volumen wird sich in diesem ersten Schritt kaum verändern.

SCHRITT 2

100 g Ansatz aus Schritt 1 (ca. 30 °C)
50 g Roggenvollkornmehl (20 °C)
50–60 g Wasser (40 °C)

Den ersten Ansatz mit Mehl und Wasser kräftig vermischen und zugedeckt 8–24 Stunden bei 28–30 °C reifen lassen, bis sich das Volumen mindestens verdoppelt hat. Spätestens wenn er beginnt leicht einzufallen, sollte der nächste Schritt folgen.

SCHRITT 3

200 g Ansatz aus Schritt 2 (ca. 30 °C)
50 g Roggenvollkornmehl (20 °C)
50–60 g Wasser (40 °C)

Den zweiten Ansatz mit Mehl und Wasser kräftig vermischen und zugedeckt 2–12 Stunden bei 28–30 °C bis mindestens zur Volumenverdopplung reifen lassen. Spätestens wenn er beginnt leicht einzufallen, sollte der nächste Schritt folgen. Dieser ist entweder Schritt 4 (falls der Sauerteig angenehm säuerlich riecht und keine untypischen Aromen mehr versprüht) oder wieder Schritt 3, also ein Auffüttern von 50 g Mehl und Wasser. Diesen Schritt so lange wiederholen (also immer wieder Mehl und Wasser hinzugeben, sobald sich das Volumen verdoppelt hat), bis die Geruchsprobe und die Volumenzunahme passt. Die Wiederholung von Schritt 3 ist wichtig, um Stabilität zu schaffen. Deshalb im Zweifel lieber ein- oder zweimal mehr wiederholen und dann erst mit Schritt 4 weitermachen. Schritt 3 kann je nach der mikrobiellen Zusammensetzung des Teiges auch deutlich länger als 2-12 Stunden dauern. Lassen Sie den Teig so lange reifen, bis sie eine deutliche Bläschenbildung und Volumenzunahme erkennen (bis zu 48 Stunden sind möglich). Bis einschließlich Schritt 3 findet die Fütterung immer im gleichen Behälter statt. Es wird also immer mehr Teig. Ab Schritt 4 bleibt die Teigmenge konstant, weil immer ein neuer Behälter verwendet und etwas Ansatz aus dem vorherigen Behälter überführt wird.

SCHRITT 4

10–50 g Ansatz aus Schritt 3 (ca. 30 °C)
50 g Roggenvollkornmehl (20 °C)
50–60 g Wasser (40 °C)

Einen Teil des dritten Ansatzes in einem neuen Gefäß mit Mehl und Wasser kräftig vermischen und zugedeckt 3–12 Stunden bei 28–30 °C bis mindestens zur Volumenverdopplung reifen lassen. Spätestens wenn er beginnt leicht einzufallen, sollte der nächste Schritt folgen. Der Sauerteigrest aus Schritt 3 sollte erstmal im Kühlschrank gelagert werden. Ist die Sauerteiggeburt gelungen, kann der Rest entsorgt werden (Kompost).

SCHRITT 5

5–10 g Ansatz aus dem vorherigen Schritt (ca. 30 °C)
50 g Roggenvollkornmehl oder eine andere Mehltype (20 °C)
50–60 g Wasser (40 °C)

Einen kleinen Teil des vorherigen Ansatzes mit Mehl und Wasser kräftig vermischen und zugedeckt 6–12 Stunden bei 28–30 °C reifen lassen bis sich das Volumen um ca. 50–70 % vergrößert hat. Mit junger Reife bei 3–5 °C im Kühlschrank lagern oder bei Volumenverdopplung weiter füttern. Der Sauerteig sollte deutlich säuerlich riechen. Tut er dies nicht, ist er noch nicht stabil und es besteht die Gefahr, dass unerwünschte Mikroorganismen die Macht ergreifen. Solange er nicht säuerlich und angenehm riecht (weder muffig noch nach altem Käse), muss weiter nach Schritt 4 oder dem letzten Schritt gefüttert werden.

Der Sauerteig hat jetzt die Geburtsphase hinter sich gebracht und steckt mitten in der Kinder- und Jugendphase. Er muss nun so oft es geht aufgefrischt werden (siehe nachfolgende Anleitung), um das Erwachsenenstadium zu erreichen. Ein Anzeichen für das Erreichen des Erwachsenenstadiums ist die Reifezeit. Wenn er mit 5 g Anstellgut auf je 50 g Mehl und Wasser nach oben genannter Weise aufgefrischt wird, sollte er sein Volumen in 6–8 Stunden (bei 28–30 °C) verdoppelt haben.

Die aktuelle Generation Ihres Sauerteiges im Kühlschrank ist ab sofort der Starter, also das Anstellgut für jeden beliebigen Sauerteig, den das konkrete Brotrezept verlangt.

Die ab Schritt 4 anfallenden Sauerteigreste können im Kühlschrank gelagert und später sinnvoll weiterverwendet werden (Seite 33). Sie sollten diese aber nicht mehr zum Ansetzen eines Brotsauerteiges nutzen. Dafür ist immer nur die aktuelle Sauerteiggeneration vorgesehen.

ANLEITUNG ZUM AUFFRISCHEN VON SAUERTEIG

Um den eigenen Sauerteig am Leben und aktiv zu halten, muss er regelmäßig aufgefrischt werden. Er bekommt also neue Nahrung (Mehl, Wasser). In der Praxis hat es sich bewährt, Sauerteige einmal pro Woche aufzufrischen, egal ob Sie danach backen oder nicht. Dafür verwenden Sie immer ein neues Glas, in das Sie 10–20 % Anstellgut auf 100 % Mehl geben. Mehr sollte es nicht sein, da der Sauerteig nach einer Woche bereits unschöne Aromen und viel Säure produziert hat, die möglichst nicht in großer Menge in die nächste Generation übertragen werden sollten. Je schlechter die Sauerteigqualität, umso weniger verwenden Sie davon als Anstellgut für die neue Auffrischung. Das verlängert natürlich die Reifezeit, aber anhand der Volumenvergrößerung sehen Sie ganz zeitunabhängig, wann er reif genug ist, um ihn als Starter für einen Sauerteig (je nach Rezept) zu verwenden oder ihn wieder in den Kühlschrank zu setzen.

50 g Roggenmehl (20 °C)
50 g Wasser (45 °C)
5–10 g Anstellgut (5 °C)

Alles vermischen und 5–10 Stunden bei 28–30 °C reifen lassen. Soll er danach wieder in den Kühlschrank, sollte sich das Volumen um ca. die Hälfte bis zu einem Dreiviertel des Ausgangsvolumens vergrößern. Möchten Sie ihn gleich nochmal auffrischen oder ihn zum Ansetzen eines Rezeptsauerteiges nutzen, warten Sie, bis sich das Volumen gut verdoppelt hat.

Solange der Strom nicht ausfällt, ist die Sauerteigpflege kein Problem. Wärme und Kälte sind ausreichend vorhanden. Was aber tun, wenn kein Strom und damit weder eine elektrische Wärmequelle noch ein Kühlschrank verfügbar sind?

Die Wärmefrage wird auf Seite 14 beantwortet. Kälte ohne Strom gibt es nur in der kalten Jahreszeit vor der Tür, auf dem Fensterbrett oder auf dem Balkon. Wenn Sie keine Möglichkeit haben, den Sauerteig in der Kälte auszubremsen, müssen Sie ihn häufiger auffrischen, nämlich immer dann, wenn er wieder eingefallen ist. Über die Anstellgutmenge steuern Sie die Länge der Reifezeit. Wenn Sie zum Beispiel nur einmal täglich auffrischen wollen, dann sollten Sie auf 50 g Mehl und 50 g Wasser nur 0,5–1 g Anstellgut verwenden, also eine kleine Messerspitze. Das häufige Auffrischen ist nötig, weil bei höherer Temperatur die Stoffwechsel- und damit Abbauprozesse im Teig exponentiell ansteigen. Füttern Sie ihn nicht, wenn die Nahrung aufgebraucht ist (er also einfällt), wird der Sauerteig über kurz oder lang inaktiv und sterben. Das Glück im Unglück einer Krise: Durch das nunmehr tägliche Auffrischen wird Ihr Sauerteig eine ungeahnte Triebkraft entfalten.

MIT (WILD-) HEFEWASSER BACKEN

Als Hefewasser wird eine Mischung aus Wasser und wilden Hefen bezeichnet. Diese Hefen werden von verschiedenen Quellen „abgesammelt“ und gezielt im Wasser vermehrt. Das Wasser kann dann als Hefeersatz in jeder Art von Brotrezept verwendet werden.

Das Hefewasser kommt einerseits direkt als Ersatz für Backhefe im Hauptteig zum Einsatz. Im Vergleich zu normalen Brotteigen mit Backhefe ergeben sich viele Unterschiede im zeitlichen Ablauf und im Geschmack. Andererseits kann auch ein Vorteig aus Hefewasser und Mehl angesetzt werden, der als Hefeersatz in den Hauptteig kommt. Die Hefen sind dann aktiver und an die neue Nahrung Mehl gewöhnt. Außerdem gelangt weniger Süße ins Brot.

Wird der Hefewasservorteig im Sinne eines Sauerteiges als Anstellgut angesehen und fortlaufend gefüttert, wie im vorherigen Kapitel beschrieben, entsteht ein sehr milder Sauerteig.

HEFEWASSERHERSTELLUNG

SCHRITT 1
250 g Wasser (15–30°C)
50 g Bio-Sultaninen (ungeschwefelt) oder ca. 20 g frische Blüten (essbar)
25 g Flüssigmalz (inaktiv) oder Raffinadezucker/Haushaltszucker (Saccharose)

In einem sauberen, schmalen und hohen Gefäß (z.B. Passata-Flasche) die Sultaninen oder Blüten mit dem Wasser übergießen. Das Malz oder den Zucker zugeben und mit einem langen Löffel so lange rühren, bis das Malz bzw. der Zucker vollständig gelöst ist (alternativ: schütteln). Das Gefäß mit einer Folie oder einem locker aufgelegten Deckel abdecken und 2–5 Tage bei 18–26 °C stehen lassen. Das Wasser täglich 1- bis 2-mal leicht aufschütteln. Sobald eine starke Bläschenbildung an nach oben perlenden Ketten zu beobachten ist (ähnlich wie in sprudelndem Mineralwasser), folgt Schritt 2.

SCHRITT 2
250 g Wasser (15–30 °C)
25–250 g Hefewasser (18–26 °C)
25 g Flüssigmalz (inaktiv) oder Raffinadezucker (Saccharose)

Den Ansatz aus Schritt 1 aufschütteln und anschließend über ein feines Sieb von den Früchten oder Blüten trennen. Von der Flüssigkeit die gewünschte Menge abnehmen und mit den übrigen Zutaten gleichmäßig vermischen. Abgedeckt 3–12 Stunden bei 18–26 °C reifen lassen, bis eine starke Bläschen- und Bodensatzbildung zu beobachten ist. Zwischendurch 1- bis 2-mal leicht aufschütteln. Anschließend bei 3–5 °C lagern. Je mehr Hefewasser Sie in Schritt 2 verwenden, umso schneller findet die Reife statt. Möchten Sie Schritt 2 also über Nacht stattfinden lassen, verwenden Sie besser 25 g. Möchten Sie möglichst schnell über den Tag zum Ziel kommen, dann bis zu 250 g.

Sultaninen und Blüten funktionieren als Hefequellen am besten. Es können aber auch andere Trockenfrüchte oder frische Früchte verwendet werden. Sehr gut funktioniert es auch mit einem ungewaschenen, in Stücke geschnittenen Bioapfel (inkl. Kerngehäuse). Nach Flüssigmalz steht als effektivste Zuckerquelle Saccharose (Haushaltszucker) an vorderster Stelle. Vollrohrzucker, Honig und andere Zuckerarten verzögern die Gärung deutlich.

Reifes Hefewasser riecht erstens nach den eingesetzten Hefequellen und zweitens wie leicht gärige, frisch-fruchtige Limonade. Es sollten keine Fehlaromen zu riechen sein, die Naserümpfen verursachen würden. Falls doch: Neustart! Außerdem sollte der pH-Wert beim ersten Ansatz möglichst unter 4,2 gefallen sein (ggf. mit pH-Teststreifen aus der Apotheke prüfen), um ungewollte Mikroorganismen definitiv ausgeschaltet zu wissen. Falls nicht: Länger reifen lassen.

Wie Sauerteig auch, sollten Sie Hefewasser in guten Zeiten herstellen und dann pflegen, damit in Notzeiten gleich ein Ersatz für Backhefe vorhanden ist.

HEFEWASSER AUFFRISCHEN

Wenn Sie das Hefewasser nur für alle Fälle lagern, ohne damit zu backen, sollten Sie es spätestens nach 2–6 Monaten auffrischen. Falls Sie damit backen, frischen Sie es entweder direkt vor dessen Verwenden oder danach auf.

Das zum Backen verbrauchte (oder zum Platzschaffen aus der Flasche herausgenommene) Hefewasser wird anschließend mit derselben Menge frischen Wassers und einem Zehntel Malz/Zucker aufgefüllt und wie auf Seite 47 beschrieben zur Reife gebracht. Anschließend kommt die Flasche bis zur nächsten Verwendung wieder in den Kühlschrank.

BEISPIEL

250 g frisches Wasser (15–30 °C)
25–500 g altes Hefewasser (5 °C) (= der Rest in der Flasche)
25 g Flüssigmalz (inaktiv) oder Raffinadezucker (Saccharose)
(=10% der Frischwassermenge)

Wenn in der Flasche 500 g Hefewasser enthalten waren, Sie 250 g davon zum Backen verwendet oder herausgenommen haben, um das Wasser aufzufrischen, dann geben Sie wieder 250 g Frischwasser hinzu und 10 % davon (also 25 g) an Malz oder Zucker.

Die Früchte oder Blüten aus der ersten Hefewasserherstellung dienen nur zum „Einsammeln" der Hefen. Danach werden sie nicht mehr benötigt, weil die Hefen dann unabhängig von der Hefequelle vermehrt werden. Möchten Sie den Frucht-/Blütengeschmack über die erste Hefewasserverwendung hinaus im Brot haben, können Sie mit jeder Auffrischung wieder die entsprechenden Früchte/Blüten zugeben. Auch wenn das Hefewasser nach einigen Wochen oder Monaten nicht mehr genügend Triebkraft im Teig bringt, sollten Sie wieder ein paar Früchte/Blüten zur Auffrischung zugeben.

Wichtig: Bevor Sie Hefewasser aus der Flasche nehmen, schütteln oder rühren Sie den Bodensatz auf, denn nur im Bodensatz befinden sich die Hefen.

Möchten Sie Ihr Brot mit Hefewasser lockern, dann können Sie entweder auf speziell für Hefewasser entwickelte Rezepte zurückgreifen (z. B. ab Seite 67) oder Sie bauen Ihr vorhandenes Backheferezept auf Hefewasser um. Dafür gibt es mehrere Möglichkeiten.

MÖGLICHKEIT A: DAS HEFEBROTREZEPT HAT BEREITS EINEN VORTEIG

Die gesamte Wassermenge im Vorteig wird durch das aufgeschüttelte Hefewasser ausgetauscht und die Frischhefe aus dem Rezept gestrichen. Die Reifezeit bei Raumtemperatur beträgt ca. 8–12 Stunden bei 20 °C (wärmer = schneller). Soll der Vorteig länger reifen, tauschen Sie weniger Wasser gegen Hefewasser aus.

Der reife Vorteig wird anschließend ganz nach Rezept mit den anderen Zutaten zum Teig gemischt und geknetet, nur ohne Frischhefe. Die

Reifezeiten des Hauptteiges verlängern sich deutlich, mindestens aber auf das Doppelte. Das ist von Rezept zu Rezept verschieden und muss beim ersten Mal „auf Sicht" ausprobiert und notiert werden. Je zucker- und fettreicher der Hauptteig, umso länger die Reifezeiten.

MÖGLICHKEIT B: DAS HEFEBROTREZEPT ARBEITET OHNE VORTEIG

Entweder wird das gesamte Hauptteigwasser gegen Hefewasser ersetzt und „auf Sicht" die Hauptteigreife beobachtet, bis die gleichen Volumina wie mit der früheren Frischhefevariante erreicht sind. Oder Sie setzen aus 15–30 % der Hauptteigmehlmenge einen Vorteig mit Hefewasser an. Die verwendete Mehl- und Wassermenge muss dann von den Hauptteigzutaten abgerechnet werden. Empfehlenswert sind feste Vorteige, um dem Kleberabbau keinen Vorschub zu leisten. Bei 1000 g im Rezept verarbeiteten Mehl, würden Sie z. B. 300 g Mehl und 150–180 g Hefewasser mischen und 8–12 Stunden bei Raumtemperatur auf das doppelte Volumen reifen lassen. Der Vorteig kommt in den Hauptteig, der dann mit 300 g weniger Mehl und 150–180 g weniger Wasser auskommen muss. Die Reifezeiten müssen wieder „auf Sicht" angepasst werden.

Hefewasservorteige und -teige können auch im Kühlschrank reifen, dann allerdings deutlich länger. Auch das hängt sehr von der Hefeaktivität ab und muss einmal für das eigene Hefewasser ausprobiert werden.

MIT NATRON ODER BACKPULVER BACKEN

Natron ist ein chemisches Lockerungsmittel für Teige (chemisch: Natriumhydrogencarbonat, $NaHCO_3$). Es ist eher vom Kuchenbacken bekannt. In einigen Gegenden Europas, etwa in Schottland, gibt es aber auch „soda bread", also mit Natron getriebenes Brot. Anders als bei der Arbeit mit Mikroorganismen ist an dieser Stelle eine lange Teigruhe kontraproduktiv. Natron reagiert sofort in Anwesenheit von Wasser und Wärme mit Säure zu Kohlenstoffdioxid, das den Teig lockert. Würde der Teig geknetet und dann stundenlang liegengelassen, wäre der Lockerungseffekt verpufft. Der Nachteil: Die enzymatischen Abbauprozesse einer langen Teiggare können nicht stattfinden. Deshalb ist ein mit Natron gelockertes Brot nicht sonderlich geschmackvoll und bekömmlich.

Mit einem Trick kann dieser Nachteil ein wenig behoben werden. Die Zutaten werden zunächst ohne Natron zum Teig gemischt bzw. geknetet. Dieser ruht dann eine gewisse Zeit. Erst kurz vor dem Formen des Teiges wird das Natron (ggf. in etwas Wasser angelöst) eingemischt, dann der Teig geformt und sofort in den heißen Ofen gegeben. Es ist allerdings nahezu unmöglich, das Natron gleichmäßig in den Teig einzuarbeiten, zumal der Teig durch die starke Beanspruchung und die schnelle Gasentwicklung reißt und seine Dehnbarkeit verliert. Erst eine Entspannungszeit von 5–10 Minuten ließe ein erneutes Formen und eine straffe Teigoberfläche zu. Dann wäre aber schon zu viel Gas entstanden.

Ohne den sauren Bestandteil reagiert Natron nicht zu Kohlenstoffdioxid. Deshalb sollten Sie immer eine Form von Essig oder auch Anstellgutreste in den Teig geben. Alternativ verwenden Sie klassisches Backpulver. Es enthält auch Natron, aber zusätzlich eine oder mehrere Säuren in Pulverform. Auch Backpulver mischen Sie erst kurz vor dem Formen in den Teig (ggf. etwas angelöst mit Wasser), nachdem der Teig ohne das Backpulver die Chance hatte, 1–12 Stunden im Kühlschrank oder bei Raumtemperatur zu ruhen.

Damit das Brot nicht zu stark nach Backpulver schmeckt, aber dennoch gut gelockert ist, verwenden Sie etwa 1/30 der Mehlmenge als Natron oder Backpulver. Die Konsistenz der Brotkrume wird anders sein als bei einem mit Hefe, Hefewasser oder Sauerteig gelockerten Brot, aber immer noch besser als bei einem ungelockerten Brot. Die Arbeit mit einem bekömmlichen Teig und Natron oder Backpulver ist trotzdem nur im allergrößten Notfall empfehlenswert und sollte ansonsten gemieden werden.

OHNE TRIEBMITTEL BACKEN

Brote lassen sich auch ganz ohne chemische und biologische Mittel lockern, indem der physikalische Trieb genutzt wird. Das setzt eine schnelle Wärmeübertragung voraus und damit flache Teige. Viele Fladenbrote werden ausschließlich durch den sich ausdehnenden Wasserdampf im Teig gelockert. Je dünner der Teig ausgerollt oder gedrückt wird und je heißer der Untergrund, umso extremer die Lockerung. Damit das Fladenbrot an Geschmack und Bekömmlichkeit gewinnt, sollten Sie den Teig 1–12 Stunden im Kühlschrank oder bei Raumtemperatur ruhen lassen, dann ausrollen oder flachdrücken und backen. Lagert der Teig im Kühlschrank, sollte er etwas weicher sein, weil er in der Kälte wieder fester wird.

Für diese Art Brot empfiehlt sich die bereits auf Seite 21 beschriebene Gusseisenpfanne, aber auch auf heißen Steinen backen Sie hervorragendes Fladenbrot (siehe Kasten unten).

Sie können jedes Rezept verwenden, die chemischen bzw. biologischen Lockerungsmittel herausstreichen und darauf achten, dass der Teig eine relativ feste Konsistenz bekommt (also mit dem Wasser sparen), damit er sich noch gut ausrollen oder flachdrücken lässt. Diese sehr einfachen Fladenbrote sollten Sie relativ frisch essen. Dann sind sie am besten.

BEISPIELREZEPT FÜR EIN EINFACHES FLADENBROT

500 g Weizen- oder Dinkelvollkornmehl
330–350 g Wasser
10 g Salz

Die Zutaten zu einem Teig mischen und 1–12 Stunden im Kühlschrank oder bei Raumtemperatur ruhen lassen.

Den Teig in 10 Stücke teilen, diese leicht rund einschlagen und 10–15 Minuten ruhen lassen. Danach wenige Millimeter dünn ausrollen oder flachdrücken und nacheinander in der heißen Pfanne von beiden Seiten backen, bis die sich bildenden Blasen dunkelbraun sind. Die Fladenbrote nach dem Backen aufeinanderlegen, damit sie warm und weich bleiben.

OHNE STROM BACKEN

WENN DER STROM länger als einen Tag ausfällt und kein Notstromaggregat Abhilfe schafft, dann stellt das nicht nur das bisher gekannte Leben auf den Kopf, sondern auch das Backen von Brot. Denken Sie am besten in guten Zeiten daran, wie Sie reagieren können, wenn Ihnen kein Strom für den Kühlschrank oder den Backofen zur Verfügung steht. Dieses Kapitel gibt Anregungen.

OHNE KÜHLSCHRANK

Im Kühlschrank lagern zum Brotbacken üblicherweise die Backhefe, der Sauerteig bzw. das Anstellgut und eventuell noch das Hefewasser. Auch Teige und Teiglinge können je nach Rezept im Kühlschrank reifen. Steht der Kühlschrank nicht zur Verfügung, gibt es mehrere Möglichkeiten zu reagieren:

- *natürliche Kühlung im Freien in der entsprechenden Jahreszeit*
- *kurzzeitige Kühlung durch bevorratete Eis-Akkus aus dem Gefrierschrank in einer isolierten Box (z. B. Styroporbox, mit Decken ausgelegter Karton/Kiste)*
- *bei Raumtemperatur lagern mit etwa sechs- bis achtfacher Reifegeschwindigkeit der Teige und Lockerungsmittel im Vergleich zur Lagerung im Kühlschrank*

Idealerweise fällt der Strom nur im Winter aus, wenn es draußen Bereiche gibt, die zwischen 1 und 8 °C kalt sind. Dann stellen Sie Ihre Vorräte einfach vor Tieren geschützt ins Freie. Die Jahreszeit können Sie sich bei Notfällen leider nicht aussuchen. Deshalb ist es empfehlenswert, wenn Sie im Gefrierschrank mindestens 5 bis 10 Eis-Akkus lagern, die Sie im Bedarfsfall in einer gut isolierten Box zum Gegenkühlen Ihrer Teige oder Lockerungsmittel nutzen können. Damit lässt sich ein Stromausfall von 1–2 Tagen überbrücken.

Die Strategie bei einem mehrtägigen Stromausfall kann nur heißen: die im Kühlschrank lagernden Teige und Teiglinge abbacken (siehe Alternativen zum Haushaltsofen ab Seite 54) und die Lockerungsmittel

(Sauerteig, Hefewasser) bei Raumtemperatur lagern. Das bedeutet, dass Sie mindestens einmal täglich Sauerteig und Hefewasser auffrischen müssen, damit sie am Leben und aktiv bleiben. Dafür verwenden Sie möglichst wenig „Impfstoff", also wenig Anstellgut bzw. wenig altes Hefewasser, damit die Reifezeit sich in die Länge zieht und Sie nicht mehrfach am Tag „füttern" müssen. Das Auffrischen beider Lockerungsmittel ist auf Seite 45 und Seite 48 beschrieben.

Falls Sie noch Frischhefe im Kühlschrank gelagert haben, sollten Sie diese am besten schnell verbacken oder mit reichlich Mehl zwischen den Händen verreiben. So entziehen Sie der Hefe Wasser und gewinnen ein paar Tage. Die Krümel lösen Sie später im Teigwasser auf und können damit den Teig lockern. Eine andere Möglichkeit der Lagerung außerhalb des Kühlschranks gibt es leider nicht. Trockenhefe hält sich dagegen auch sehr lang aktiv ohne Kühlung. Deshalb ist es sinnvoll, für Krisenzeiten immer einen Trockenhefevorrat zu haben (siehe Seite 8).

BRENNMATERIAL BEVORRATEN

Ein Vorrat an Brennholz und/oder Holzkohle ist sinnvoll, falls andere Quellen ausfallen, um einen Ofen zu betreiben. Mit Holz oder Holzkohle können Sie im Grill oder auf einer Freifläche Glut erzeugen, in der sich ein Topf zum Brotbacken (aber auch zum Kochen) erhitzen lässt. Lagern Sie Brennmaterial immer trocken und fern von Zündmitteln. Denken Sie auch daran, Zündhilfen (z. B. Anzünder, Holzwolle, Spiritus) zu bevorraten, damit sich das Brennmaterial mit Sicherheit entzündet. Nichts ist ärgerlicher, als wenn die Streichhölzer oder das Gas im Feuerzeug verbraucht sind, aber das Feuer noch nicht brennt.

IM HOLZOFEN

Wer handwerklich geschickt ist oder das Budget besitzt, sich einen Holzofen zu kaufen, der sollte in guten Zeiten überlegen, ob das nicht den Aufwand wert sein könnte. Mit einem Holzofen machen Sie sich vom Strom unabhängig. Ein gut gelagerter Holzvorrat wird nicht schlecht und ist immer dann zur Stelle, wenn andere Energiequellen versagen. Im Internet existieren viele Foren und Anleitungen zum Bau eines einfachen Holzbackofens (meist aus Lehm). Es gibt aber auch viele Anbieter für Fertigbausätze oder Komplettöfen, die nur noch in den Garten gesetzt werden.

Da jeder Holzofen von der Bauart und den Materialien anders ist, lassen sich keine konkreten Backtemperaturen empfehlen. Hinzu kommt, dass der Temperaturverlauf auch von der Witterung, der Holzqualität, der Feuerungstaktik und vielen weiteren Faktoren abhängt. Hier hilft die Übung und mit der Zeit die Erfahrung.

DER GRUNDLEGENDE ABLAUF BEIM BACKEN IM HOLZOFEN

- *Ofen bei offener Ofentür (Sauerstoff!) ca. 2–4 Stunden anheizen (zunächst verrußt der Ofen innen; heizen Sie mindestens so lange weiter, bis der Innenraum rußfrei ist, also an der Oberfläche mindestens 500 °C erreicht hat)*
- *Glut auf dem Boden verteilen (Tür bis auf einen Spalt schließen)*
- *ist die Glut fast vollständig zu Asche verbrannt, die Restglut/Asche aus dem Ofen ziehen und Ofen auskehren/auswischen*
- *Tür schließen und Ofen 30–60 Minuten abstehen lassen*
- *bei ca. 280–320 °C (ofenabhängig) die Laibe einschießen*

Im Holzofen gibt es in der Regel keine Möglichkeit, die Brote zu bedampfen. Sie könnten nun jedes Brot auch im Gusseisentopf backen, müssten dazu aber die passende Anzahl an Töpfen kaufen. Alternativ stellen Sie einen feuerfesten Eimer mit reichlich Stahl (Ketten, Nägel, Schrauben etc.) gefüllt in der Abstehzeit in den Ofen. Nachdem Sie die Teiglinge eingeschoben haben, kippen Sie mit einer langen Kelle oder über einen Schlauch Wasser in den Eimer und schließen schnell die Tür (Vorsicht: Verbrühungsgefahr!). Sie können auch auf den Dampf verzichten, dann sehen die Brote rustikaler aus und haben eine stumpfe Oberfläche. Wenn der Ofenraum kompakt gebaut und komplett mit Brot gefüllt ist, reicht häufig auch der Eigendampf der Teiglinge aus, um mehr Volumen und Glanz zu erzeugen.

Es ist generell empfehlenswert, den Ofen komplett mit Teiglingen zu füllen, damit die gespeicherte Wärme gleichmäßig und mild an die Brote abgegeben werden kann. Geben Sie nur ein oder zwei Brote in einen Ofen, der für fünf oder zehn Brote ausgelegt ist, dann verbrennen diese. Fragen Sie sich beim Kauf oder Bau eines Holzofens also, wie viele Brote Sie auf einmal backen möchten und planen Sie die Größe der Backfläche entsprechend.

IM KAMIN

Heizen Sie Ihren Kamin wie für den Holzofen beschrieben vor (er muss weiß gebrannt, also rußfrei sein, danach abstehen, bis die gewünschte Temperatur erreicht ist). Entfernen Sie vor der Abstehphase die Glut, schieben Sie die Asche beiseite oder stellen Sie ein feuerfestes Podest in den Kamin. Platzieren einen Gusseisentopf im Kamin, der ca. 30 Minuten während der Abstehzeit des Kamins aufheizt. Danach backen Sie Ihr Brot wie auf Seite 22 beschrieben.

IM KUGELGRILL

Für den Kugelgrill gelten die gleichen Regeln wie für den Kamin. Stellen Sie nach Erreichen der passenden Temperatur den Topf auf den Grill und schließen Sie ihn. Nach ca. 30 Minuten ist der Topf heiß und kann mit dem Teigling gefüllt werden.

Theoretisch können Sie auch einen Backstein auf den heißen Grill legen und aufheizen. Durch die Haube des Grills wird beim Backen des Teiglings auf dem heißen Stein der Eigendampf aufgefangen, sodass eine Art „Topfeffekt" entsteht. Es ist allerdings ratsam, dann einen Backstein auf Grillmaß zuschneiden zu lassen, um die Backfläche gleich für mehrere Brote optimal ausnutzen zu können und dadurch mehr Dampf zur Verfügung zu haben. Möchten Sie nur ein Brot auf dem Grill backen, dann nutzen Sie besser den heißen Topf.

AM OFFENEN FEUER

Auch am offenen Feuer können Sie Brot backen. Legen Sie zum Beispiel einen großen flachen Stein in die Nähe des Feuers. Wenn er sich nach 30–60 Minuten gut aufgeheizt hat, können Sie darauf Fladenbrote backen. Ist er zu heiß, stellen Sie als Puffer eine (Gusseisen-) Pfanne darauf und backen darin weiter.

Der Klassiker am Feuer ist Stockbrot. Verwenden Sie dafür ein Rezept Ihrer Wahl aus Weizen oder Dinkel. Lassen Sie den Teig nach dem Mischen bzw. Kneten auf ungefähr das doppelte Volumen aufgehen, dann teilen Sie ihn mit der Teigkarte auf der Arbeitsfläche in schmale Streifen, die Sie um leicht gefettete Stöcke winden. Wenn Sie die Streifen in wenig Mehl wälzen, können Sie auch auf das Fett verzichten. Dann einfach mit gebührendem Abstand über das Feuer halten und durchbacken.

IN DER GLUT

Die Glut eines erloschenen Feuers enthält noch sehr viel Energie, die hervorragend zum Brotbacken (oder Kochen) genutzt werden kann. Graben Sie einen Gusseisentopf (Seite 22) in die Glut ein bzw. umgeben Sie den Topf allseitig (auch von oben) mit Glut. Nach 15–45 Minuten (je nach Intensität der Glut) ist der Topf heiß. Prüfen Sie mit etwas Mehl, das Sie in den Topf streuen, ob er zu heiß ist. Wenn das Mehl sofort verkohlt, sollten Sie unter den Topf ein paar Steine legen oder die Glut dort entfernen. Bräunt das Mehl innerhalb von einigen Sekunden langsam dunkler, ist die richtige Temperatur erreicht. Geben Sie den Teigling in den Topf, verschließen Sie ihn mit dem Deckel und umgeben Sie ihn wieder allseitig mit Glut. Es braucht Umsicht und ein paar Versuche, bis Sie die richtige Menge und „Reife" der Glut gefunden haben, damit Ihr Brot perfekt gelingt, also nicht zu dunkel und nicht zu hell bäckt.

AUF DEM GAS- ODER BEZINKOCHER

Einige Hersteller bieten mit Deckel verschließbare Formen für Gas- und Benzinkocher an (z. B. Omnia). Formen Sie Ihren gegangenen Teig so, dass er in die vorgegebene Kocherform passt. Lassen Sie ihn darin zugedeckt nach Rezept aufgehen. Anschließend backen Sie ihn auf dem Kocher mit Deckel. Die Backzeit richtet sich sehr nach dem jeweiligen Gerät und den äußeren Bedingungen (Wind, Außentemperatur etc.).

IN DER SONNE

Die ersten Brote der Menschheit bestanden aus getrocknetem Getreidebrei. Im größten Notfall können auch Sie sich die Sonne zu Nutze machen. Formen Sie den gegangenen Teig schonend und möglichst dünn zu einem Fladen und legen ihn auf einen großen, von der Sonne aufgeheizten Untergrund, bis er durchgetrocknet ist. Idealerweise suchen Sie sich einen Untergrund, der viel Energie speichert und weiterleitet, also dunkel ist (etwa dunkler Stahl, dunkles Gestein wie z. B. eine Schieferplatte oder Basalt).

IM WASSERBAD

Was sind Hefeklöße anderes als gedämpfte oder gekochte Brötchenteiglinge? Deshalb können Sie in der Not, aber nicht nur dann, jeden Teig (vor allem Weizen/Dinkel) auch im Wasserbad zubereiten. Das Brot hat dann natürlich keine Kruste, aber es ist genauso nahrhaft. Und wenn es an einem Ofen mangelt, ist kochendes Wasser oder Wasserdampf deutlich schneller und häufiger verfügbar.

Bereiten Sie Ihren Teig nach Rezept zu, bis er in den Ofen käme. Stattdessen legen Sie ihn entweder direkt ins leicht simmernde Wasser oder in ein gefettetes Sieb oder Tuch, das über das siedende Wasser gelegt/gespannt wird. Decken Sie den Topf mit einer Schüssel zu, damit der Dampf nicht entweicht. 1 kg Brot braucht ca. 90 Minuten im Wasser oder Dampf. In der Praxis einfacher und schneller geht es, wenn Sie den Teig in kleinere Portionen aufteilen, sie also besser Brötchen als Brot dämpfen. Wenn Sie die Schüssel vom Topf abheben, stechen Sie die Brote oder Brötchen mehrmals mit einer Nadel oder einem Zahnstocher ein, damit sie nicht zu sehr zusammenfallen.

Pumpernickel wird übrigens so ähnlich hergestellt. Wenn Sie das Schrotbrot von Seite 67 für 16–20 Stunden im Wasserbad bzw. Dampf garen, entsteht Pumpernickel. Sie sollten hierfür die Kastenform in einen Bratschlauch oder eine andere hitzeresistente Folie verpacken, damit kein Wasser eindringt. Oder Sie kochen/dämpfen den Teig in einem Einmachglas (siehe auch Seite 61).

AUF VORRAT BACKEN

WER IN GUTEN ZEITEN reichlich Vorrat anlegt, kommt gut über die schlechten Zeiten. Was bei den Kriegsgenerationen des 20. Jahrhunderts ins Handeln eingebrannt war, ist in den jüngeren Generationen in Vergessenheit geraten. Doch auch und gerade bei Brot lohnt es sich, ein paar Gedanken daran zu verlieren, ob und wie Brot kurz- und langfristig bevorratet werden kann. Das beugt sowohl dem Brotmangel vor als auch der Arbeit und Improvisation, die es braucht, um in Krisenzeiten Brot zu backen.

RICHTIG LAGERN

Der erste Schritt zu guter Frischhaltung (= es bleibt kaubar) und Haltbarkeit (= es schimmelt nicht) ist ein gutes Rezept und ausreichend Wasser im Teig, außerdem eine kräftige Kruste. Sie verhindert, dass Wasser aus dem Brot entweicht, allerdings nur, wenn es noch nicht angeschnitten ist. Auch Sauerteig im Brotteig trägt hervorragend zur Frischhaltung und Haltbarkeit bei (Schimmelschutz).

Für die Lagerung am besten geeignet sind Keramiktöpfe mit Holzdeckel. Auch Keramiktöpfe mit Luftlöchern und Keramikdeckel (möglichst unglasiert von innen) sind gut geeignet. Dickwandige Holzgefäße sind ebenfalls atmungsaktiv, können die Feuchtigkeitsunterschiede zwischen Brot und Umgebung optimal ausgleichen und schützen lange Zeit vor Verderb durch Schimmel. All diese Gefäße sollten regelmäßig (1- bis 2-wöchentlich) mit Essig ausgewischt werden, um etwaige Schimmelsporen zu bekämpfen.

Das Lagern in der Plastiktüte ist auf lange Sicht ungeeignet, weil durch die hohe Feuchtigkeit schnell Schimmel entsteht. Für eine kurzzeitige Lagerung, z. B. über Nacht, macht eine Plastiktüte dagegen Sinn, um möglichst wenig Feuchtigkeit aus dem Gebäck zu verlieren.

Die Lagertemperatur sollte nicht unter +7 °C liegen, am besten bei Raumtemperatur, um ein Entkleistern der Stärke (Altbackenwerden) lange hinauszuzögern.

KALTE STÜCKGARE

Wer nur einen (Haushalts-) Ofen hat, aber viel Brot auf Vorrat backen möchte, sollte sich Rezepte mit kalter Stückgare heraussuchen. Die Teiglinge liegen, sofern Strom vorhanden ist, im Kühlschrank oder bei passender Jahreszeit draußen und können nacheinander in Ruhe abgebacken werden. Sie können auch die in diesem Buch vorgeschlagenen Weizen- und Dinkelbrote (Seite 64) nach dem Formen bei 4–6 °C über Nacht in den Kühlschrank stellen (ca. 8–12 Stunden) und dann direkt aus dem Kühlschrank nacheinander in den heißen Ofen geben. Bedenken Sie, dass in jeder Kühlschrankebene andere Temperaturen herrschen (oben ist es wärmer als unten). Sie sollten deshalb die reiferen (tendenziell weiter oben stehenden) Teiglinge zuerst abbacken.

Roggenbrote sollten nach dem Formen erst etwa 50 % an Volumen zulegen, ehe sie in den Kühlschrank gestellt werden.

GROSSE BROTE BACKEN

Je größer der Laib, umso besser die Frischhaltung. In einen Haushaltsofen passt je nach Brotsorte ein Laib von maximal 2,5–3 kg. Solch ein Laib bleibt ohne Anschnitt bei offener Lagerung (oder eingewickelt in ein Tuch) etliche Tage (bei Roggen sind es Wochen) frisch. Sinn macht das natürlich nur bei einem relativ hohen Brotverbrauch oder wenn Sie das Brot mit Verwandten und Bekannten teilen, weil das angeschnittene Brot dann über kurz oder lang anfällig für Schimmelsporen wird und auch schneller austrocknet.

KLEINE BROTE BACKEN

Für Haushalte mit geringerem Brotverbrauch macht es Sinn, mehrere kleine Brote mit guter Kruste zu backen und wie gerade beschrieben zu lagern oder (falls Strom da ist) einzufrieren. Die Kruste schützt vor äußeren Einflüssen und verlangsamt das Austrocknen. Kleine Brote verlieren beim Backen aber mehr Feuchtigkeit als große Brote und halten deshalb im nicht angeschnittenen Zustand weniger lang frisch.

DAUERBACKWAREN BACKEN

Durchgetrocknete Backwaren bleiben bei trockener, kühler und lichtgeschützter Lagerung monatelang genießbar. Ein solcher Vorrat sollte in keiner Krise fehlen. Klassiker sind:

- *Zwieback*
- *Dauerbrezeln*
- *Fladenbrote (inkl. Knäckebrot)*

Sie können alle Brote Ihrer Wahl in Scheiben schneiden und trocknen. Besser kaubar werden die Scheiben, wenn Sie sie im Backofen bei 70–100 °C (Umluft/Heißluft) mit leicht geöffneter Ofentür durchtrocknen. Einen sehr leichten und mürben Biss erhalten die Scheiben, wenn das Gebäck einen gewissen Fettanteil hat (z. B. Toastbrot, Weißbrot, Sandwichbrot, Weizenbrötchen).

Fladenbrote aller Art (auch Schüttelbrot und Vinschgerlen, beides Roggengebäcke) stellen Sie nach dem Backen am besten hochkant nebeneinander an einen warmen, trockenen Ort. Dort trocknen die Brote ein paar Tage durch und können dann in Dosen oder Tüten verpackt werden. Sie können in Notzeiten entweder mit guten Zähnen gekaut oder als Suppeneinlage verwendet werden.

KONSERVENBROTE BACKEN

Im Grunde kann jedes Brot auch im Glas oder in der Dose gebacken und wie Obst und Gemüse „eingemacht", also dauerhaft durch Pasteurisieren haltbar gemacht werden. Dafür das Brot im gefetteten Weckglas backen, dabei den Deckel schon oben auflegen, um sich das Bedampfen zu sparen und den Deckel zu desinfizieren. In der Zwischenzeit den Gummiring in Essigwasser auskochen.

Sofort nach dem Backen den Gummiring platzieren, den Deckel fixieren und nochmals für ein paar Minuten in den auskühlenden Ofen schieben. Das Glas herausholen und mit den Klemmen verschließen. Für Schraubgläser ist das Prozedere vergleichbar, allerdings sollte der Deckel während des Backens nicht im Ofen sein, sondern erst beim Auskühlen ab 100 °C auf das Glas geschraubt werden.

Es gibt verschiedene Bäcker, die ihre Brote in Dosen im Internet zum Kauf anbieten. Wenn Sie nicht selbst backen möchten, können Sie sich so einen über Jahre haltbaren Brotvorrat anlegen.

DOPPELT BACKEN

Doppeltgebackene Brote bleiben deutlich länger frisch. Das zweifache Backen von Brot verbessert die Rösche (Knusprigkeit) der Kruste und intensiviert das Brotaroma. Dazu wird das Brot nach der regulären Backzeit etwa 30 Minuten bei Raumtemperatur gelagert und anschließend bei hohen Temperaturen (230–270 °C) nochmals für ca. 10 Minuten gebacken. Besonders empfehlenswert ist das Verfahren bei stark roggenhaltigen Kastenbroten.

EINE ANDERE HERANGEHENSWEISE: Das Brot nach 85 % der Backzeit herausnehmen und auskühlen lassen. Anschließend bis zum zweiten Backen über Nacht in einer Plastiktüte oder besser in einem Keramiktopf lagern. Zum Nachbacken den Ofen auf die im Rezept angegebene niedrigere Backtemperatur vorheizen und das Brot mit Dampf die doppelte Fehlbackzeit (2 × 15 %) fertig backen.

VERKOHLUNG

Aus der rumänischen Brotkultur ist eine sehr spezielle Konservierungsmethode bekannt. Die Brotlaibe werden bewusst stark verbrannt gebacken, sodass eine mehrere Millimeter dicke Kohlenstoffschicht das Innere des Brotes vor dem Austrocknen, vor Ungeziefer und Schimmel schützt. Vor dem Verzehr wird die Kohleschicht durch Schläge mit einem Stock abgelöst, um die braune Kruste zum Vorschein zu bringen.

BROTE EINFRIEREN

Backwaren können generell sehr gut eingefroren werden, sofern Strom vorhanden ist. Für ein gutes Ergebnis sind folgende Punkte zu beachten:

- *möglichst direkt nach dem Backen (weitgehend ausgekühlt) einfrieren*
- *möglichst schnell auf unter -18 °C bringen (Superfrostfunktion nutzen)*
- *möglichst in einem Gefrierbeutel mit wenig Luft zwischen Gebäck und Tüte einfrieren*
- *möglichst am Stück einfrieren (die Kruste schützt vor Wasserverlust)*
- *maximal 4–12 Wochen im Tiefkühler lassen (je kürzer, umso besser die Qualität)*

ZUM AUFTAUEN HELFEN FOLGENDE TIPPS:

- *möglichst schnell auf mind. +7 °C, besser auf mind. +20 °C bringen*

  Dazu tiefgefroren mit Dampf oder angefeuchteter Oberfläche in den auf 200–230 °C aufgeheizten Ofen geben und 3–5 Min. (Brötchen) bzw. 10–15 Min. (Brot) aufbacken, anschließend Ofen ausschalten und Brötchen 3–5 Min. bzw. Brot 10 Min. im auskühlenden Ofen lassen. Die Brötchen sind dann in aller Regel durchgetaut, die Brote brauchen noch 15–30 Minuten bei Raumtemperatur.
- *alternativ über Nacht im Gefrierbeutel bei Raumtemperatur auftauen lassen*

REZEPTBEISPIELE

In der Not braucht es Brot, aber nicht viele verschiedene Rezepte. Im Folgenden finden Sie je ein Vollkornbrotrezept für die Brotgetreidearten Weizen, Dinkel und Roggen, außerdem ein Rezept für Roggenschrotbrot. Jedes Rezept ist mit den ab Seite 37 beschriebenen Lockerungsmitteln ausgeführt. Es wurde darauf geachtet, dass die Teige immer in derselben Schüssel zubereitet werden können und in einem Zeitrahmen umsetzbar sind, der eine ausreichende Nachtruhe oder Tätigkeit am Tage zulässt, ohne am Teig arbeiten zu müssen. Die Rezeptbeschreibungen sind kurzgehalten, nur mit den wesentlichen Informationen. Zur Handhabung des Teiges und den je nach Krisensituation variablen Möglichkeiten des Backens finden Sie in diesem Buch an anderer Stelle ausreichende Hilfestellungen.

Suchen Sie sich in guten Zeiten bereits Ihr Lieblingsgetreide und Lieblingsrezept heraus oder das Rezept, von dem Sie glauben, es am einfachsten in der jeweiligen Notlage backen zu können, ganz gleich ob aus diesem Buch, aus anderen Büchern oder aus dem Internet. Backen Sie das Brot einige Male zu Hause unter simulierten Notfallbedingungen, damit Sie im Notfall nicht mehr darüber nachdenken müssen, was und wie sie etwas tun, sondern einfach backen können. Dazu gehört auch, den Teig einmal nicht wie im Rezept beschrieben (meist rund) zu backen, sondern auch einmal Fladenbrot in einer Pfanne daraus zu bereiten.

FLADENBROT ZUBEREITEN (AUS WEIZEN ODER DINKEL)

Folgen Sie einem beliebigen Rezept bis zu dem Punkt, an dem Sie das Brot formen sollen. Statt es zu formen, portionieren Sie sich etwa tennisballgroße Stücke vom Teig ab. Bemehlen Sie diese kräftig. Drücken Sie die Teiglinge auf einem gut bemehlten Untergrund mit den Fingerspitzen von der Mitte heraus nach außen flach. Es sollte so wenig wie möglich Gas aus dem Teig entweichen. Die Dicke bestimmen Sie nach Ihren Vorlieben. Geben Sie einen Teigling nach dem nächsten in die heiße Pfanne und backen Sie ihn von beiden Seiten. Wenden Sie den Teigling, sobald er auf der Unterseite dunkle Stellen zeigt. **TIPP:** Sie können auch aus Roggenteigen Fladenbrot backen. Dazu formen Sie den Teig nicht rund, sondern drücken ihn in Mehl flach. Der Teig sollte dann noch nach der im Rezept angegebenen Zeit aufgehen, ehe er vorsichtig (weil brüchig) in die Pfanne gegeben wird.

Die Zutaten sind in der Reihenfolge angegeben, in der sie am besten in die Schüssel gegeben werden sollten. Wenn „Anstellgut" als Zutat verlangt wird, verwenden Sie das aktivste Anstellgut, das Sie gerade im Kühlschrank haben. Für die Entwicklung der Rezepte wurde Roggenanstellgut verwendet. Sie können aber auch Anstellgut anderer Getreidearten verwenden. Empfohlene Zeiten und Temperaturen passen Sie an Ihre Bedingungen an. Wenn der Teig nach der empfohlenen Zeit noch nicht das beschriebene Volumen entwickelt hat, lassen Sie ihn länger reifen. Sehen Sie Temperatur und Zeit immer im Zusammenhang. Kälter heißt länger, wärmer heißt kürzer (siehe auch Seite 14).

Die Prozentangaben beziehen sich auf 100% Mehl. Wenn Sie die Mehlmengen addieren (inklusive des Mehles im Anstellgut), erhalten Sie 100%. Die Summe aller Prozente ist die Gesamtteigmenge. Wenn Sie ein anderes Teiggewicht benötigen als angegeben, dann teilen Sie das Wunschgewicht in Gramm durch die Prozentsumme und erhalten einen Faktor, mit dem Sie alle Einzelprozentangaben multiplizieren. Das Ergebnis ist das neue Gewicht in Gramm pro Zutat. Sie können natürlich auch einfach die abgedruckten Grammangaben halbieren, verdoppeln oder anderweitig vervielfachen, um mehr oder weniger Teig zu erhalten. Damit beim Umrechnen keine Rundungsfehler entstehen, sind die Grammangaben mit Nachkommastelle angegeben. Beim Abwiegen oder Abschätzen spielt das natürlich keine Rolle. Sie dürfen dabei gern runden.

Die Rezepte sind auf eine Raumtemperatur von ca. 20 °C ausgelegt. Die folgende Tabelle gibt Ihnen einen Überblick, wie Sie die Zeit von 12 Stunden anpassen müssen, wenn der Teig bei einer anderen Temperatur reift. Dies sind nur überschlägige Richtwerte. Achten Sie auf den im Rezept beschriebenen Zustand des Teiges. Da der Teig schonend geformt wird, also viel Gas enthält, ändert sich die letzte Reifezeit von 30–45 Minuten bei anderer Raumtemperatur kaum. Für die Sauerteig- und Hefewasservariante der Roggenrezepte spielt die Raumtemperatur nach dem Mischen und Formen eine untergeordnete Rolle, wenn die Teigtemperatur richtig eingestellt wurde.

ÜBERSICHT ZUM ABSCHÄTZEN DER REIFEZEIT DER REZEPTE AB SEITE 67 IN ABHÄNGIGKEIT VON DER RAUMTEMPERATUR

TEMPERATUR	REIFEZEIT	TEMPERATUR	REIFEZEIT
10 °C	48 Stunden	23 °C	8 Stunden
11 °C	42 Stunden	24 °C	7 Stunden
12 °C	36 Stunden	25 °C	6 Stunden
13 °C	31 Stunden	26 °C	5 Stunden
14 °C	27 Stunden	27 °C	4 ½ Stunden
15 °C	24 Stunden	28 °C	4 Stunden
16 °C	21 Stunden	29 °C	3 ½ Stunden
17 °C	18 Stunden	30 °C	3 Stunden
18 °C	16 Stunden	31 °C	2 ½ Stunden
19 °C	14 Stunden	32 °C	2 ¼ Stunden
20 °C	12 Stunden	33 °C	2 Stunden
21 °C	10 Stunden	34 °C	1 ¾ Stunden
22 °C	9 Stunden	35 °C	1 ½ Stunden

Hervorgehoben ist der Bereich der üblichen Raumtemperatur sowie der Rezeptstandard von 12 Stunden bei 20 °C.

ROGGENSCHROTBROT

Ein Kastenbrot mit hohem Nähr- und Sättigungswert, das lange frisch bleibt und hält. Nach 1–2 Tagen Lagerzeit kann es in dünne Scheiben geschnitten werden.

MIT SAUERTEIG

SAUERTEIG		
523,3 g	50,0 %	Wasser (55 °C)
10,5 g	1,0 %	Salz
523,3 g	50,0 %	Roggenschrot grob
104,7 g	10,0 %	Anstellgut

1. Die Zutaten in der angegebenen Reihenfolge in eine Schüssel geben.
2. Von Hand oder mit einem Löffel die Zutaten zu einem homogenen, klebrigen Teig mischen.
3. Die Schüssel zudecken.
4. Den Teig 12 Stunden bei ca. 20 °C ruhen lassen.

HAUPTTEIG		
		gesamter Sauerteig
471,0 g	45,0%	Roggenschrot grob
10,5 g	1,0%	Salz
157,0 g	15,0%	Wasser (100°C)

1. Die Zutaten in der angegebenen Reihenfolge in eine Schüssel geben.
2. Die Zutaten zunächst mit einem stabilen Löffel oder Spatel zügig mischen, damit die Temperatur sinkt. Anschließend von Hand zu einem homogenen, bindigen, klebrigen Teig mischen. Dabei den Teig durch die Finger quetschen, bis er Bindung aufbaut (eine mit nassen Händen geformte kleine Kugel sollte auf Druck nicht auseinanderbrechen, sondern sich plastisch verformen). Ggf. noch mit Wasser nachjustieren.

3. Den Teig in eine gefettete oder mit Backpapier ausgelegte Kastenform (ca. 23 × 22 × 11 cm) füllen und mit etwas Wasser glattstreichen.
4. Zugedeckt 4 Stunden bei ca. 20 °C reifen lassen. Der Teig muss nur ca. 1 cm in die Höhe gegangen sein.
5. Die Kastenform in den auf 230 °C vorgeheizten Ofen stellen, die Temperatur sofort auf 160 °C senken und 2 Stunden backen (auf Backstein: möglichst mit Dampf). Alternativ in den kalten Ofen auf ein Gitterrost stellen und bei 160 °C ca. 3 Stunden backen.

MIT HEFEWASSER

VORTEIG		
418,6 g	40,0 %	Hefewasser (20 °C)
157,0 g	15,0 %	Wasser (20 °C)
10,5 g	1,0 %	Salz
575,6 g	55,0 %	Roggenschrot grob

1. Die Zutaten in der angegebenen Reihenfolge in eine Schüssel geben.
2. Von Hand oder mit einem Löffel die Zutaten zu einem homogenen, klebrigen Teig mischen.
3. Die Schüssel zudecken.
4. Den Teig 12 Stunden bei ca. 20 °C ruhen lassen.

HAUPTTEIG		
		gesamter Vorteig
471,0 g	45,0 %	Roggenschrot grob
10,5 g	1,0 %	Salz
157,0 g	15,0 %	Wasser (100 °C)

1. Die Zutaten in der angegebenen Reihenfolge in eine Schüssel geben.
2. Die Zutaten zunächst mit einem stabilen Löffel oder Spatel zügig mischen, damit die Temperatur sinkt. Anschließend von Hand zu einem homogenen, bindigen, klebrigen Teig mischen. Dabei den Teig durch die Finger quetschen, bis er Bindung aufbaut (eine mit

nassen Händen geformte kleine Kugel sollte auf Druck nicht auseina derbrechen,sondern sich plastisch verformen). Ggf. noch mit Wasser nachjustieren.

3. Den Teig in eine gefettete oder mit Backpapier ausgelegte Kastenform (ca. 23 × 22 × 11 cm) füllen und mit etwas Wasser glattstreichen.
4. Zugedeckt 3 Stunden bei ca. 20 °C reifen lassen. Der Teig muss nur ca. 1 cm in die Höhe gegangen sein.
5. Die Kastenform in den auf 230 °C vorgeheizten Ofen stellen, die Temperatur sofort auf 160 °C senken und 2 Stunden backen (auf Backstein: möglichst mit Dampf). Alternativ in den kalten Ofen auf ein Gitterrost stellen und bei 160 °C ca. 3 Stunden backen.

MIT HEFE

HAUPTTEIG		
626,1 g	60,0 %	Wasser (20 °C)
104,4 g	10,0 %	Balsamico (Essig)
20,9 g	2,0 %	Salz
1043,5 g	100,0 %	Roggenschrot grob
5,2 g (2,1 g	0,5 % 0,2 %	Frischhefe Trockenhefe)

1. Die Zutaten in der angegebenen Reihenfolge in eine Schüssel geben.
2. Von Hand die Zutaten zu einem homogenen, bindigen, klebrigen Teig mischen. Dabei den Teig durch die Finger quetschen, bis er Bindung aufbaut (eine mit nassen Händen geformte kleine Kugel sollte auf Druck nicht auseinanderbrechen, sondern sich plastisch verformen). Ggf. noch mit Wasser nachjustieren.
3. Den Teig in eine gefettete oder mit Backpapier ausgelegte Kastenform (ca. 23 × 22 × 11 cm) füllen und mit etwas Wasser glattstreichen.
4. Zugedeckt 12 Stunden bei ca. 20 °C reifen lassen. Der Teig muss nur ca. 1 cm in die Höhe gegangen sein.
5. Die Kastenform in den auf 230 °C vorgeheizten Ofen stellen, die Temperatur sofort auf 160 °C senken und 2 Stunden backen (auf Backstein: möglichst mit Dampf). Alternativ in den kalten Ofen auf ein Gitterrost stellen und bei 160 °C ca. 3 Stunden backen.

DINKELVOLLKORNBROT

Ein runder, rustikal aufgerissener Laib mit einem Teiggewicht von 1150 g.

MIT SAUERTEIG			MIT HEFEWASSER		
356,5 g	59,0%	Wasser (35°C)	139,0 g	23,0%	Wasser (50 °C)
151,1 g	25,0%	Kartoffel (gekocht, zerdrückt)	151,1 g	25,0%	Kartoffel (gekocht, zerdrückt)
13,9 g	2,3%	Salz	13,9 g	2,3%	Salz
580,1 g	96,0%	Dinkelvollkornmehl	604,3 g	100,0%	Dinkelvollkornmehl
48,3 g	8,0%	Anstellgut	241,7 g	40,0%	Hefewasser (20°C)

1. Die Zutaten in der angegebenen Reihenfolge in eine Schüssel geben.
2. Von Hand die Zutaten zu einem homogenen, klebrigen Teig mischen. Ggf. noch mit Wasser nachjustieren.
3. Die Schüssel zudecken.
4. Den Teig 12 Stunden bei ca. 20 °C ruhen lassen. Nach den ersten 30 und weiteren 30 Minuten den Teig kräftig dehnen und falten.
5. Den im Volumen verdoppelten Teig auf dem bemehlten Tisch oder in der Schüssel (siehe Seite 25) schonend vom Rand zur Mitte einschlagen, ohne den Schluss zuzudrücken. Mehl in den Schluss streuen und mit Schluss nach unten in die bemehlte Schüssel oder einen bemehlten Gärkorb setzen.
6. Zugedeckt 30–45 Minuten bei ca. 20 °C reifen lassen. Der Teigling muss sich stabil und luftig anfühlen.

MIT HEFE		
380,4 g	63,0%	Wasser (20 °C)
151,0 g	25,0%	Kartoffel (gekocht, zerdrückt)
13,9 g	2,3%	Salz
603,8 g	100,0%	Dinkelvollkornmehl
0,91 g 0,36 g	0,15% 0,06%	Frischhefe Trockenhefe)

7. Mit Schluss nach oben in den auf 250 °C vorgeheizten Backofen (Backstein oder Gusseisentopf) setzen, die Temperatur sofort auf 210 °C senken (Topf: 230 °C) und 50 Minuten backen (auf Backstein: möglichst mit Dampf)

WEIZENVOLLKORNBROT

Ein runder, rustikal aufgerissener Laib mit einem Teiggewicht von 1150 g.

MIT SAUERTEIG			MIT HEFEWASSER		
465,5 g	72,5 %	Wasser (35°C)	237,6 g	37,0 %	Wasser (50 °C)
13,5 g	2,1 %	Salz	13,5 g	2,1 %	Salz
613,2 g	95,5 %	Weizenvollkornmehl	642,1 g	100,0 %	Weizenvollkornmehl
57,8 g	9,0 %	Anstellgut	256,8 g	40,0 %	Hefewasser (20 °C)

1. Die Zutaten in der angegebenen Reihenfolge in eine Schüssel geben.
2. Von Hand die Zutaten zu einem homogenen, klebrigen Teig mischen. Ggf. noch mit Wasser nachjustieren.
3. Die Schüssel zudecken.
4. Den Teig 12 Stunden bei ca. 20 °C ruhen lassen. Nach den ersten 30 und weiteren 30 Minuten den Teig kräftig dehnen und falten.
5. Den im Volumen verdoppelten Teig auf dem bemehlten Tisch oder in der Schüssel (siehe Seite 25) schonend vom Rand zur Mitte einschlagen, ohne den Schluss zuzudrücken. Mehl in den Schluss streuen und mit Schluss nach unten in die bemehlte Schüssel oder einen bemehlten Gärkorb setzen.
6. Zugedeckt 30–45 Minuten bei ca. 20 °C reifen lassen. Der Teigling muss sich stabil und luftig anfühlen.

MIT HEFE		
494,0 g	77,0 %	Wasser (20 °C)
13,5 g	2,1 %	Salz
641,5 g	100,0 %	Weizenvollkornmehl
1,03 g (0,42 g	0,16 % 0,065 %	Frischhefe Trockenhefe)

7. Mit Schluss nach oben in den auf 250 °C vorgeheizten Backofen (Backstein oder Gusseisentopf) setzen, die Temperatur sofort auf 210 °C senken (Topf: 230 °C) und 50 Minuten backen (auf Backstein: möglichst mit Dampf)

ROGGENVOLLKORNBROT

Ein runder, rustikal aufgerissener Laib mit einem Teiggewicht von 1150 g.

MIT SAUERTEIG

SAUERTEIG		
254,1 g	40,0 %	Wasser (50 °C)
5,1 g	0,8 %	Salz
254,1 g	40,0 %	Roggenvollkornmehl
50,8 g	8,0 %	Anstellgut

1. Die Zutaten in der angegebenen Reihenfolge in eine Schüssel geben.
2. Von Hand oder mit einem Löffel die Zutaten zu einem homogenen, klebrigen Teig mischen.
3. Die Schüssel zudecken.
4. Den Teig 12 Stunden bei ca. 20 °C ruhen lassen.

HAUPTTEIG		
		gesamter Sauerteig
355,8 g	56,0 %	Roggenvollkornmehl
7,6 g	1,2 %	Salz
222,4 g	35,0 %	Wasser (75 °C)

1. Die Zutaten in der angegebenen Reihenfolge in eine Schüssel geben.
2. Die Zutaten zunächst mit einem stabilen Löffel oder Spatel zügig mischen, damit die Temperatur sinkt. Anschließend von Hand zu einem homogenen, bindigen, klebrigen Teig mischen. Ggf. noch mit Wasser nachjustieren.
3. Den Teig auf den bemehlten Tisch geben und zu einem runden Laib formen. Mit Schluss nach unten in die bemehlte Schüssel oder einen bemehlten Gärkorb setzen.
4. Zugedeckt 2 Stunden bei ca. 20 °C reifen lassen. Der Teigling muss deutlich aufgegangen sein (ca. 75 % Volumenzuwachs).

5. Mit Schluss nach oben in den auf 250 °C vorgeheizten Backofen (Backstein oder Gusseisentopf) setzen, die Temperatur sofort auf 210 °C senken (Topf: 230 °C) und 60 Minuten backen (auf Backstein: möglichst mit Dampf).

MIT HEFEWASSER

VORTEIG		
216,0 g	30,0 %	Hefewasser (20 °C)
89,0 g	14,0 %	Wasser (20 °C)
5,6 g	0,88 %	Salz
279,5 g	44,0 %	Roggenvollkornmehl

1. Die Zutaten in der angegebenen Reihenfolge in eine Schüssel geben.
2. Von Hand oder mit einem Löffel die Zutaten zu einem homogenen, klebrigen Teig mischen.
3. Die Schüssel zudecken.
4. Den Teig 12 Stunden bei ca. 20 °C ruhen lassen.

HAUPTTEIG		
		gesamter Sauerteig
355,8 g	56,0 %	Roggenvollkornmehl
7,1 g	1,12 %	Salz
222,4 g	35,0 %	Wasser (75 °C)

1. Die Zutaten in der angegebenen Reihenfolge in eine Schüssel geben.
2. Die Zutaten zunächst mit einem stabilen Löffel oder Spatel zügig mischen, damit die Temperatur sinkt. Anschließend von Hand zu einem homogenen, klebrigen Teig mischen. Ggf. noch mit Wasser nachjustieren.
3. Den Teig auf den bemehlten Tisch geben und zu einem runden Laib formen. Mit Schluss nach unten in die bemehlte Schüssel oder einen bemehlten Gärkorb setzen.

4. Zugedeckt 3 Stunden bei ca. 20 °C reifen lassen. Der Teigling muss deutlich aufgegangen sein (ca. 75 % Volumenzuwachs).
5. Mit Schluss nach oben in den auf 250 °C vorgeheizten Backofen (Backstein oder Gusseisentopf) setzen, die Temperatur sofort auf 210 °C senken (Topf: 230 °C) und 60 Minuten backen (auf Backstein: möglichst mit Dampf).

MIT HEFE

HAUPTTEIG		
437,8 g	69,0 %	Wasser (20°C)
63,5 g	10,0 %	Balsamico (Essig)
12,7 g	2,0 %	Salz
634,5 g	100,0 %	Roggenvollkornmehl
1,5 g (0,57 g	0,24 % 0,09 %	Frischhefe Trockenhefe)

1. Die Zutaten in der angegebenen Reihenfolge in eine Schüssel geben.
2. Die Zutaten zunächst mit einem stabilen Löffel oder Spatel zügig mischen, damit die Temperatur sinkt. Anschließend von Hand zu einem homogenen, bindigen, klebrigen Teig mischen. Ggf. noch mit Wasser nachjustieren.
3. Den Teig auf den bemehlten Tisch geben und zu einem runden Laib formen. Mit Schluss nach unten in die bemehlte Schüssel oder einen bemehlten Gärkorb setzen.
4. Zugedeckt 12 Stunden bei ca. 20 °C reifen lassen. Der Teigling muss deutlich aufgegangen sein (ca. 75 % Volumenzuwachs).
5. Mit Schluss nach oben in den auf 250 °C vorgeheizten Backofen (Backstein oder Gusseisentopf) setzen, die Temperatur sofort auf 210 °C senken (Topf: 230 °C) und 60 Minuten backen (auf Backstein: möglichst mit Dampf).

BEZUGSQUELLEN

Die aufgeführten Bezugsquellen stellen nur eine kleine Auswahl empfehlenswerter Anbieter dar, die keinen Anspruch auf Vollständigkeit erhebt (alphabetisch sortiert).

HANDBETRIEBENE MÜHLEN

ESCHENFELDER-MÜHLEN
Eschenfelder GmbH & Co. KG
Turnstraße 30
D-76846 Hauenstein
https://www.eschenfelder.de/produkte/korn-quetschen-und-co/kornkraft-handmuehlen

HAWOS-MÜHLEN
hawos Kornmühlen GmbH
Massenheimer Weg 25
D-61352 Bad Homburg v.d.H.
https://hawos.de/produkt-kategorie/handmuehlen/

KoMo-MÜHLEN
KoMo GmbH & Co. KG
Penningdörfl 6
A-6361 Hopfgarten
https://komo.bio/handmuehle/

KORNKRAFT-MÜHLEN
Michael Gergen
Hüttenstraße 6–7
D-66839 Schmelz
https://www.kornkraft.de/

SALZBURGER GETREIDEMÜHLEN
Agrisan Naturprodukte GmbH
Gasteigweg 25
A-5400 Hallein
https://getreidemuehle.com/handmuehlen/

SCHNITZER-MÜHLEN
Schnitzer GmbH & Co. KG
Marlener Straße 9
D-77656 Offenburg
https://www.schnitzer.eu/collections/handmuhlen-flocker/

WALDNER-MÜHLEN
Waldner biotech GmbH
Kärntnerstraße 62
A-9900 Lienz
https://www.waldner-biotech.at/produkte/getreidemuehlen/

BACKZUBEHÖR UND GETREIDEPRODUKTE

https://www.backdorf.de
https://www.back-ideen.de
https://www.biomuehle-eiling.de
https://www.blattert-muehle.de
https://shop.emil-schmidt.de
https://www.dauerbrot.de/dosenbrot/
https://www.drax-muehle.de
https://www.gaerkorb.de
https://www.hobbybaecker.de
https://www.ketex.de

LITERATURQUELLEN

Geißler, Lutz: https://www.ploetzblog.de/faq/
Geißler, Lutz (2019): Brotbackbuch Nr. 4: Sauerteig; Eugen Ulmer KG, Stuttgart.
Geißler, Lutz; Drax, Monika (2017): Brotbackbuch Nr. 3: Vollkorn; Eugen Ulmer KG, Stuttgart.
Geißler, Lutz (2015): Brot backen in Perfektion mit Hefe; Becker Joest Volk Verlag
Geißler, Lutz (2017): Brot backen in Perfektion mit Sauerteig; Becker Joest Volk Verlag
Neumann, R. O. (1920): Die im Kriege 1914–1918 verwendeten und zur Verwendung empfohlenen Brote, Brotersatz- und Brotstreckmittel; Julius Springer Verlag, Berlin.

EMPFEHLUNGEN VON LUTZ GEISSLER

SAUERTEIGBÖRSE

www.sauerteigbörse.de

Hobbybäcker und Profibäcker teilen kostenlos ihre Sauerteige im deutschsprachigen Raum. Einfach durch die Karte klicken und den nächstgelegenen Sauerteigfreund kontaktieren. Ein Projekt, das auf Lutz Geißlers Idee basiert.

DER PLÖTZBLOG

www.ploetzblog.de

Der Brotblog des Autors Lutz Geißler ist gespickt mit weiteren Informationen und über 850 Rezepten rund ums Thema Brot.

DAS BROTBACKLEXIKON

www.bäckerlatein.de

Lutz Geißler hat viel Wissenswertes über das Brotbacken in sein Online-Lexikon mit hunderten Fachbegriffen und Erklärungen geschrieben.

BROTBACKBÜCHER

www.brotbackbuch.de

Hier erfahren Sie mehr zu Lutz Geißlers Büchern, können zusätzliche Rezepte und Errata nachlesen. Der Autor steht Ihnen in einem Forum für Ihre Fragen zur Verfügung. Außerdem können Sie seine Bücher direkt bei ihm bestellen und sich in guten Zeiten die Grundlagen des Brotbackens erarbeiten.

NACHWORT

Dieses Büchlein ist aus meiner spontanen Reaktion auf den Ukraine-Krieg entstanden, der am 24. Februar 2022 ausbrach. Es basiert auf ersten Ideen zur Krisenvorsorge, die ich im Plötzblog nach Ausbruch der Corona-Pandemie 2020 entwickelt hatte. Als ich zwei Tage nach der Idee zum Buch Sanna Andrée fragte, ob sie das Layout übernehmen würde, sagte sie spontan zu, ohne zu wissen, worauf sie sich einließ. Aber auch sie trieb die Lage in der Ukraine an. Noch nie war eines meiner Bücher so schnell geschrieben. Von der ersten Idee zum fertigen Manuskript inklusive Rezeptentwicklung verging nur eine Woche, aber eine Woche intensiver Arbeit. Es ist auch das erste Buch, das ich im Selbstverlag veröffentliche. Ich wollte gänzlich freie Hand in Inhalt, Gestaltung und Vermarktung haben.

Geblieben ist neben Sanna Andrée als Layouterin auch meine Kumpanin und Bäckermeisterin Christina Weiß, die einmal mehr das Fachlektorat übernommen hat. Euch beiden danke ich sehr!

Ich habe mir das Buch so schlicht und so klein wie möglich gewünscht, damit es wirklich ein steter Begleiter in der Hosentasche sein kann. Deshalb verzichte ich bewusst auf Farben, Fotografien und Illustrationen. Das mag in unserer von Bildern überfluteten Welt zunächst irritieren, ist aber meinem Wunsch nach kompakter Information geschuldet.

„Nimm' einen Regenschirm mit nach draußen,
damit es nicht regnet."

In diesem Sinne wünsche ich mir, dass viele brotbegeisterte Menschen dieses Büchlein bei sich tragen, damit sie es nicht einsetzen müssen. Möge es als Glücksbringer immer in Ihrer Nähe und auch in guten Zeiten ein hilfreicher Begleiter beim Brotbacken sein.

Ihr Lutz Geißler

IMPRESSUM
© 2022 Lutz Geißler

IDEE, TEXTE UND REZEPTE: Lutz Geißler
LEKTORAT: Christina Weiß
LAYOUT UND SATZ: Sanna Andrée
DRUCK UND BINDUNG: Burger Druck GmbH
PAPIER INNEN: Circle Offset, 100 % Recyclingpapier
PAPIER UMSCHLAG: Gobi, Recyclingpapier

Printed in Germany

ISBN 978-3-98617-033-2

FSC
www.fsc.org
RECYCLED
Papier aus Recyclingmaterial
FSC® C095332